Traduit de l'anglais
chevalier Decker,
l'abbé Jean-Paul de
de Malves - V. Barbeu

V   N. 821.
     K.

37933

ESSAI
SUR LES CAUSES
DU DÉCLIN
DU COMMERCE ÉTRANGER
DE
LA GRANDE BRETAGNE.
TOME I.

1757.

ESSAI

SUR

LES CAUSES DU DÉCLIN

DU COMMERCE ÉTRANGER

DE LA

GRANDE-BRETAGNE, &c.

INTRODUCTION.

O N peut définir le Commerce étranger de la Grande-Bretagne, *l'exportation* & *l'importation* que la Grande-Bretagne fait de denrées & de marchandises, de ses ports en d'autres pays, ou d'au-

tres pays dans ses ports , par le
moyen de la navigation , jointes à la réciprocité des échanges
que cela occasionne.

Les mesures générales du Commerce de l'Europe sont à présent l'or & l'argent , qui , bien
qu'on doive quelquefois les considerer comme marchandises ,
sont néanmoins l'objet dernier du Commerce ; & plus ou
moins une nation retient de ces
métaux dans son sein , plus elle
est dite riche ou pauvre.

Les nations qui n'ont de mines ni d'or ni d'argent , n'ont
d'autre moyen de se procurer
de l'un ou de l'autre de ces
deux métaux, que le Commerce
étranger ; & les prix des denrées & des marchandises, la quantité de la population & la valeur des terres haussent ou baissent parmi elles , selon le dégré

auquel elles s'en font procurées.

S'il arrive donc que les *exportations* de la Grande-Bretagne excedent fes *importations*, les Etrangers lui payeront alors la balance en efpeces, & la nation s'enrichira.

Mais fi les *importations* de la Grande-Bretagne excedent fes *exportations*, elle payera dès-lors aux Etrangers la balance en efpeces, & la nation deviendra pauvre.

Les *importations* ne fçauroient, en aucun pays où le Commerce fera libre, excéder les *exportations*, fur-tout fi le pays abonde en denrées & en marchandifes qui lui foient propres. En effet ces fortes de denrées & de marchandifes ne pouvant, dans un femblable pays, être portées par des taxes à des prix fictices, les habitans les y auront à fi bon compte,

qu'ils s'y garderont bien de s'ex-
poser aux embarras & aux dépenses d'un transport de denrées
& de marchandises étrangeres
pour leur usage ; à moins toutefois qu'ils n'ayent *exporté* à l'E-
tranger une assez grande quantité des meilleures de leurs propres denrées ou marchandises
pour manquer de celles-ci ; ce
qui n'aura pu arriver, qu'autant
que ç'aura été avec un avantage
propre assez grand, pour avoir
dû les déterminer à se contenter
de suppléer au défaut des denrées & marchandises de leur
crû dont ils se feront défaits,
par des denrées & marchandises d'une qualité inférieure,
& qu'ils auront tirées d'autres
nations.

Les principales *importations* du
Commerce d'un port libre situé
dans un pays fertile, ne feront

donc jamais deſtinées à la conſommation du pays même, qu'autant qu'elles remplaceront un
vuide que le Commerce du port
libre aura produit à l'avantage
du pays ; mais elles conſiſteront
le plus ſouvent :

Ou bien en des matériaux qui
pourront être d'uſage dans les
Manufactures du pays , & qui
devront par conſéquent être renvoyés dans la ſuite , employés
dans des marchandiſes qu'on en
aura fabriquées , & portés ainſi
par le travail des habitans à une
valeur au moins double , & quelquefois même décuple de celle
qu'ils auront coûté dans leur
achat ; ce qui augmentera à proportion la quantité d'eſpeces dans
la nation.

Ou bien en des denrées ou marchandiſes qu'on ſe propoſera d'y
garder quelque tems dans des

magasins, conformément à l'u-
sage ou sont les Marchands d'a-
cheter de toutes sortes de marchandises en des tems où elles
sont à bon compte, & de les revendre, quand les prix en ont
hauſſé ; ce qui (s'agit-il même
d'importations de marchandiſes
de luxe, telles que ſont celles que
notre Compagnie des Indes nous
importe, & ces marchandiſes fuſ-
ſent-elles outre cela achetées entiérement en eſpeces) pourra tôt
ou tard occaſionner une *réexportation* avantageuſe, &, outre le
payement entier de ce que l'on
conſommera de ces mêmes denrées ou marchandiſes dans le
pays, y faire rentrer, comme
on l'a vu en effet dans l'ancien
Commerce de notre Compagnie
des Indes, une grande quantité
d'eſpeces.

La Hollande nous offre au-

jourd'hui un exemple fenfible de
ce que nous difons là. Le bled,
les provifions pour la Marine,
& les matériaux de Manufactures que produit fon terroir,
ne fuffiroient ni à la fubfiftance
de la huitiéme partie de fon
peuple, ni à l'aliment de la
huitiéme partie de fon Commerce ; & quoiqu'elle confom-
me une grande quantité de vins
& d'eaux-de-vie de France ; cependant, moyennant la liberté
prefqu'entiere qu'elle laiffe à fon
Commerce, fes Marchands viennent à bout de faire pencher
en fa faveur la balance de ce
même Commerce, relativement
à la plûpart des autres nations.

Le Barométre du Commerce
entre deux nations, telles qu'on
voudra choifir pour exemple, eft
le cours du change entre ces deux

nations ; * & les especes de celle
des deux nations qui , eu égard
à l'autre , aura le dessous dans
la balance du change , seront
toujours les moins prisées.

Le Barométre du Commerce
dans chaque nation est l'Hôtel
des Monnoies de cette nation.

En effet si l'on *importe* beaucoup
d'especes dans la nation, & qu'on
n'en *exporte* que peu au-dehors, on
frappera beaucoup de piéces à la
Monnoie, & il en paroîtra beau-

---

* Cette proposition n'est vraie qu'en
supposant que les dettes antérieures d'une des
deux nations envers l'autre, ou les remi-
ses , ou accidentelles, ou pour compte de
l'Etranger , qu'une des deux nations peut
avoir à d'autres égards à faire à l'autre ,
restent constamment les mêmes. L'Auteur
des Notes de l'édition françoise du Négo-
tiant Anglois, l'a à peu-près remarqué aux
pages 270 & 271 de son second Volume ; &
j'aurai moi-même occasion de revenir là-
dessus dans une Note de la troisiéme Partie.
Voyez I. Moyen, §. V.

coup de nouvelles dans le public ; fymptômes certains d'un Commerce floriffant.

Mais fi , en fuppofant même qu'on *importe* beaucoup d'efpeces dans la nation , il arrive en même tems qu'on en *exporte* au-dehors encore davantage, le travail de la Monnoie languira , & il ne paroîtra que peu de nouvelles efpeces dans le public ; fignes certains d'un Commerce qui décline.

Le déclin du Commerce étranger de la Grande-Bretagne , fe montre aux fymptômes fuivans.

Le grand nombre de plaintes qu'on porte au Parlement , au fujet de la décadence des Manufactures de laine.

La condition miférable où font réduits les pauvres , dans les Cantons où l'on fabrique des draps.

Le bas prix actuel de la laine.

Le long crédit qu'exigent les Marchands tenans Boutique.

Le grand nombre des banqueroutes.

L'état général du Change, qui, le 3 Février 1740, lorsque ce Livre parut pour la premiere fois, se trouvoit contraire à l'Angleterre, dans des Places, telles que Hambourg, les villes de Hollande, Venise & Genes, où il lui avoit été autrefois favorable.

L'état du Change de France en particulier, qui est aujourd'hui contre l'Angleterre, plus qu'il n'y ait été dans aucun tems de Commerce ouvert d'un Royaume à l'autre ; & cela quoique les marchandises de France soient chargées en Angleterre de si hauts droits, que ces

fortes d'impots y deviennent
presque équivalens à une prohibition.

Et semblablement l'état du
Change de Portugal, qui est aujourd'hui moins en faveur de
l'Angleterre, qu'il ne l'étoit du
tems de la guerre de la Reine
Anne, bien que l'Angleterre eût
alors & des troupes & des subsides à payer en Portugal.

La grande exportation qu'on a
faite de matieres d'or & d'argent.

La cessation de travail à la
Monnoie, & le peu d'especes
monnoyées nouvelles qui parois-
sent dans le public.

La rareté actuelle des especes,
sur-tout de celles d'argent.

Les arrérages de rentes que
tous les propriétaires de terres
se plaignent que leurs tenanciers leur doivent.

Le grand nombre de baux que
les fermiers résilient tous les jours
entre les mains des propriétaires,
& la grande augmentation des
taux de la taxe en faveur des
pauvres.

Ces symptômes du déclin du
Commerce étranger de la Grande-Bretagne étant aussi évidens
qu'ils le sont, il devient important d'en rechercher les causes;
& si on peut réussir à les découvrir, rien ne devra dès-lors être
plus aisé que d'appliquer au mal
le reméde convenable.

C'est un principe en Philo-
sophie, que la cause ôtée, l'effet
doit cesser : cependant le Gouvernement d'Angleterre, dans
ces derniers tems, fait si peu
d'attention à cette sage maxime,
que ne pensant au contraire en
aucune sorte aux causes, il ne
s'est occupé que d'arrêter les pro-

grès des effets par des remédes de hautes taxes , de prohibitions & de loix pénales ; & comme tous ces remédes ont été jufqu'ici infructueux , qu'ils ne pouvoient même avoir abfolument aucun fuccès dans l'état actuel des chofes , & qu'ils devoient d'ailleurs être jugés inutiles , tant qu'on ne connoîtroit point , ou qu'on n'auroit pas même éloigné les caufes auxquelles le mal pouvoit fe rapporter , on a cru en conféquence qu'il feroit à propos ,

En premier lieu , *de tâcher de faire connoître les caufes du déclin du Commerce Etranger de la Grande-Bretagne.*

En fecond lieu , *de faire en forte d'affigner les raifons pour lefquelles le déclin du Commerce Etranger de la Grande-Bretagne doit en général produire une dimi-*

nution dans la valeur des terres de ce pays.

En troisiéme lieu, d'offrir quelques moyens pour rétablir l'une & l'autre de ces deux choses.

ESSAI

SUR

LES CAUSES DU DÉCLIN

DU COMMERCE ÉTRANGER

DE LA

GRANDE-BRETAGNE,&c.

PREMIERE PARTIE.

Des causes du déclin du Commerce
Etranger de la Grande-
Bretagne.

LES causes du déclin du
Commerce Etranger de
la Grande - Bretagne pa-
roissent être ,

1°. *Les impôts qu'on paye actuel-*

lement en ce pays, *parmi lesquels il y en a d'inégaux, & qui entraînent tous après eux des conséquences pernicieuses.*

2°. *Des monopoles qui dans le même pays oppriment le grand nombre, à l'avantage seulement de quelques particuliers.*

3°. *De mauvais réglemens de Commerce.*

4°. *La grosseur de la dette nationale.*

PREMIERE CAUSE.

Nos Impôts actuels.

Ils consistent :
Le premier dans le *droit de marque* ou *de controlle* : le second dans le *droit sur les fenêtres* : le troisième dans le *droit sur le charbon* : le quatrième dans le *droit sur les terres* : le cinquième

dans le *droit sur le sel* : le sixiéme dans les *excises sur le savon,
sur les chandelles, sur les cuirs, &c.*
le septiéme & dernier dans les
droits qu'on nomme de Coutume,
& qui se perçoivent à la Douane ; &
nous nous proposons de faire voir
les suites fâcheuses que chacun
peut avoir.

§. I.

Du Droit de marque ou *de controlle.*

Il paroît que l'établissement
de ce droit a sa souree dans une
vraie dureté, sur-tout envers
ceux qui sont déja dans l'oppression. Car si des gens de mauvaise
foy réussissent à frauder d'honnêtes gens, & à se saisir de ce
qui leur étoit propre, ces derniers seront détournés par une
taxe ou par une loy si oné-
reuse, de faire des efforts pour

recouvrer leur bien ; & un particulier pauvre qui plaidera pour
20 livres sterling, devant payer
autant de droits de controlle
qu'un homme riche qui plaidera
pour 2000, il arrivera de-là que
les pauvres abandonneront souvent, & que les riches abandonneront même quelquefois leurs
droits les plus justes.

Peut-être que le controlle des
Billets & des Actes, &c. pourroit, s'il étoit modéré, être nécessaire pour empêcher les faux
& contrefactions ; & sans doute
que le controlle des cartes & des
dés a pour objet de rebuter du
jeu : mais le droit de controlle sur
les écritures des procès, est certainement une grande lésion pour le
public.

§. II.

De l'Impôt sur les fenêtres.

C'est une vieille taxe qu'on a

fait revivre ; & il eſt à propos d'obſerver ici avec combien peu d'égalité.

Les taux de cet impôt ſont réglés à proportion des nombres de fenêtres ; & ce n'eſt pourtant pas là un fondement ni ſuffiſant ni juſte d'impoſition. Les maiſons des gens de métiers, les Manufactures, les Auberges & les Hôtels garnis peuvent avoir autant de fenêtres que la maiſon de plaiſance d'un grand Seigneur ; & les poſſeſſeurs payent alors des ſommes égales avec des moyens fort inégaux. Quelques vieilles maiſons ont beaucoup de fenêtres ; au lieu qu'il en eſt de modernes & dans le goût Italien, qui n'en ont au contraire que fort peu : ici donc on fait payer des ſommes inégales, ſans qu'on ait fait aucune attention aux moyens. De plus le fainéant peut se passer de lumiere, & l'industrieux ne sçauroit travailler sans ce secours : le premier est donc maître d'adoucir son sort à l'égard dont nous parlons , & le second est au contraire obligé de se soumettre au même égard à une taxe ; & pourquoi ? pour pouvoir travailler : pour le coup, c'est bien le cas de demander de la lumiere dans l'obscurité.

§. III.

De l'Impôt sur le charbon.

Gée, dans son *Traité sur le Commerce* , page 103 dit, « que » les charbons apportés à Lon- » dres payent dix schellings ou » dix sols sterling par chaque » *Chaldron*, c'est-à-dire, par cha- » que mesure de trente-six bois- » seaux de Londres.

» Que les mêmes voiturés par eau

» à d'autres endroits du Royaume,
» payent cinq schellings.

» Et que les mêmes *exportés* à
» l'Etranger, payent trois schel-
» lings.

Pourquoi donc favorifer les
Etrangers par préférence aux na-
tionaux, & principalement aux
habitans de Londres & du voifi-
nage, ou faire payer à ceux-ci environ 7 fchellings de droits par *Chaldron* de plus qu'à ceux-là ? Et
par quelle raifon donner en cette
forte aux premiers la facilité de
travailler à plus bas prix que les
derniers, fur-tout en ouvrages
de fer, & du plus au moins dans
toutes les autres Fabriques où
on emploie du charbon ? Un impôt fur une marchandife d'un
ufage fi général aux pauvres, auffi-
bien qu'aux riches, doit fans doute, ainfi que nos excifes, renchérir la vie des pauvres, hauffer

le prix de leur travail, ainsi que celui des produits des Manufactures, & se faire même sentir insensiblement aux riches. Et comment sur-tout exprimer la calamité & la misere des pauvres, quand des hyvers rigoureux (tel qu'a été celui de 1740, sur-tout dans le mois de Janvier,) font monter excessivement le prix des charbons, & qu'un impôt onéreux sur une marchandise si nécessaire, ajoute encore à l'oppression ?

§. IV.
De la Taxe sur les terres.

Elle est à présent établie à raison de 4 sols pour livre, & bien des gens la payent en effet jusqu'à ce taux ; mais il en est aussi beaucoup qui ne la payent pas sur un pied plus haut que de deux sols pour livre ; & cela sans d'autre raison, sinon que les biens à raison defquels ils y font fujets, fe trouvent fitués en des cantons qui, lorfqu'elle a été affife, étoient plus ou moins affectionnés au Roi nouveau qui régnoit alors *; d'où il eft arrivé que plufieurs Membres de l'Etat s'étant toujours trouvés depuis, & fans l'avoir mérité, dans une condition pire que d'autres, ils font devenus peu-à-peu, par rapport à la nation, comme un poids mort, incapable de foutenir abfolument rien dans la balance de fes befoins, tout indifpenfables & tout groffis qu'ils font; mauvaife politique qui augmentera toujours les diffenfions dans des tems difficiles.

Les retours de cette taxe, qui en général n'ont lieu que tous les deux ans, font d'ailleurs d'une longueur très-defavanta-

---

* Guillaume III.

geuse à l'Etat. Dans un tems de confiance, ils occasionnent des prêts annuels, toujours onéreux; & dans des tems très-critiques, ils produisent de plus des saisies sur toutes sortes de biens. Et quoi avec cela de plus mal entendu, que d'appeller secours de l'année présente, ce qu'on ne doit payer que dans les deux années suivantes?

Cette taxe a eu encore des suites très-funestes pour la nation, en ce qu'elle a fait faire sans sujet une distinction entre les propriétaires de terres & les Commerçans. En effet les propriétaires de terres trouvant que les taxes sur les terres étoient pour eux un pesant fardeau, ont pensé à s'en soulager, en en chargeant pour leur part les Commerçans, qu'ils regardoient avec des yeux jaloux, parce qu'ils en

jugeoient

jugeoient la fituation plus aifée que la leur propre ; d'où il s'eſt enfuivi que ce même Commerce qui avoit hauffé la valeur de leurs biens, & qui pouvoit feul foutenir cette augmentation de valeur, fe trouvant déformais privé de leur protection, & gêné de plus, à toute occafion & fans aucun égard, par différentes fortes de droits, n'a peu-à-peu que trop baiffé ; qu'il a fait par contre-coup baiffer auſſi les rentes de leurs terres, & qu'ils ont pu en cette forte reconnoître clairement, mais peut-être trop tard, la faute dans laquelle ils étoient tombés ; le Commerce reffemblant à une femme refervée, dont on n'obtiendra jamais de faveurs, tant qu'on ne lui témoignera point l'eſtimer.

M. Locke, dans fes *Confidérations fur les effets de l'abbaiffement*

*de l'intérèt de l'argent, & sur l'aug-
mentation de la valeur des especes,*
page 86, assure que « c'est une
» vérité indubitable que le pos-
» sesseur de terres est plus inté-
» ressé à l'état du Commerce,
» & qu'il doit se donner plus de
» soins, pour que le Commerce
» soit bien conduit, que le Mar-
» chand lui-même »; & il ajoute,
pour prouver la chose, que » lors-
» que la décadence du Commerce
» aura emporté hors de la Nation
» une partie de l'argent de nos pro-
» priétaires de terres, & que l'au-
» tre partie se trouvera entre les
» mains de nos Marchands & de
» nos Commerçans, tous les biais
» que les premiers pourront pren-
» dre, ou tous les petits artifices
» qu'ils pourront mettre en usa-
» ge, pour faire entre eux des
» échanges de leurs propres, ne
» leur feront jamais revenir leur

» argent ; mais qu'au contraire
» leurs biens tomberont, & leurs
» revenus diminueront de plus
» en plus, jufqu'à ce qu'une in-
» duftrie & une frugalité géné-
» rale, jointes à un Commerce
» bien réglé, redonnent peu à
» peu à la Nation les richeffes
» qu'elle aura eues auparavant.

§. V.
De l'impôt fur le Sel.

Il n'en eft point qui coûte autant à recueillir, à proportion du
peu qu'il rapporte ; & il eft par-
là d'autant plus à charge aux fujets, & d'autant moins avantageux au Gouvernement.

Les conféquences en font d'ailleurs plus pernicieufes que celles
d'aucun autre, par l'influence générale qu'il a fur toutes les Manufactures, en jettant les pauvres
Ouvriers, qui fe nourriffent prin-

cipalement de lard & d'autres
salaisons, & qui dans bien des
endroits sont obligés de faire des
provisions de ces especes pour
tout l'hyver, dans des peines con-
tinuelles ; ce qu'on peut aussi appliquer aux gens de la campagne
dans toute l'étendue du Royaume.

Il est encore nuisible à la navigation, en ce qu'il renchérit la
dépense de l'avitaillement des navires ; ce qui, ou bien hausse le
fret sur Bâtimens Anglois, au
grand avantage des Étrangers,
ou bien oblige le Marchand Anglois à s'avitailler hors du Royaume, au grand dommage des terres du pays.

Et il arrête même jusqu'à
l'amélioration de nos terres,
attendu que le sel est le meilleur
de tous les engrais, & qu'à raison de la facilité qu'il y a de le
transporter, c'est avec cela celui

qu'on peut se procurer à meilleur compte.

Mais le pire de tout, c'est qu'il fait obstacle au progrès de notre pêche du hareng, qu'on peut regarder comme la vraie mere nourrice du Matelot Anglois, & qu'il rend, au grand profit des Hollandois, plus coûteuse qu'elle ne seroit sans cela. Car quoique nous accordions une gratification sur l'exportation du poisson au dehors, la taxe que nous avons mise sur le poisson que nous consommions dans nos Royaumes, & qui seroit en soi un assez gros objet pour contribuer à l'avancement de la pêche, fait d'un autre côté languir notre Commerce ; ensorte que nous ne gagnons plus en ce genre que peu de chose, soit dans l'intérieur, soit sur l'Etranger ; & nous avons d'ailleurs chargé le

hareng préparé, tout nécessaire
qu'il est aux pauvres ouvriers, de
si hauts droits, qu'il devient un
mets trop coûteux, pour que le
peuple puisse en faire journelle-
ment usage, en contribuant à
faire fleurir, ou même à soutenir la pêche.

Les Etats Généraux, dans leur
*Placart ou Edit datté de la Haye,
le 19 Juillet 1724*, appellent la
grande pêche ou prise du hareng,
» le principal Commerce, & la
» vraie mine d'or des Provinces-
» Unies. Elle occupe parmi eux, »
ajoûtent-ils , » plusieurs milliers
» de familles & de métiers : elle
» y est la source d'un nombre pro-
» digieux de Commerces particu-
» liers : elle les y maintient & les
» y fait prospérer ; & elle y sou-
» tient d'ailleurs la navigation,
» soit au dedans, soit au dehors,
» dans une grande estime.

Un Commerce ſi avantageux, le ſoutien des familles, des métiers, de divers autres Commerces, & de la haute eſtime où la navigation eſt en Hollande, un pareil Commerce ſera-t-il donc parmi nous arrêté, ou gêné, pour le miſérable objet d'une taxe qui pourra produire au Gouvernement une quinzaine de mille livres ſterling par an ? ou plutôt, aurions-nous perdu abſolument la raiſon ? & prétendrions-nous abandonner pour toujours, & ſans concurrence, aux Hollandois, un Commerce qu'ils déclarent être une vraie mine d'or, & qui n'eſt cependant autre choſe, qu'un produit de nos propres côtes, & que nous négligeons ?

§. V I.

Des Excises sur le Savon, sur les Chandelles, sur les Cuirs, &c.

Elles se levent d'une maniere
si peu au goût de la Nation, que
nos plus grands auteurs politi-
ques ont eu souvent occasion
d'exercer au long leur plume sur
cette matiere, & qu'il seroit inutile de prétendre rien ajouter aux
invectives fréquentes auxquelles
ils se sont même emportés à cet
égard ; & mon intention étant
d'ailleurs de ne présenter dans
cet Essai les matieres dont je dois
y traiter, que sous le seul point
de vue par lequel elles peuvent
se rapporter au Commerce, je
ne considérerai, par conséquent,
ici ces impôts, que comme des
taxes sur des denrées, ou marchandises ; mais je tâcherai en
même tems de faire connoître

l'espece de faculté *augmentative*
qu'ont ces sortes de taxe, & le
grand préjudice qu'elles apportent par-là au Commerce ; &
c'est-là une chose que je déduirai
du principe, que tout ce qui renchérit les denrées, ou marchandises nécessaires à la vie, renchérit
aussi le prix de la main-d'œuvre,
& par conséquent celui de tous
les produits du travail ; d'un calcul que je ferai plus bas des conséquences fâcheuses des excises, &c. par où il paroîtra que
le peuple paye cet impôt presque au triple de ce que le Gouvernement en retire, & qu'il y
auroit même à craindre qu'on
ne trouvât que la chose va plus
loin, si l'on pouvoit en quelque sorte pénétrer jusqu'au fond
de la plaie que l'Etat en reçoit ;
enfin de ce que les Commerçans d'un même pays, ressem-

blent, par la mutuelle dépendance où ils font les uns des autres, à des roues d'une machine, à aucune defquelles on ne fçauroit toucher, fans que l'effet s'en répande incontinent fur toutes les autres.

Il feroit difficile de déterminer ici, à quel dégré précis cette oppreffion s'eft peu à peu appefantie fur le nombre prodigieux de Négocians qu'on peut en effet regarder comme autant de moteurs de la grande machine de notre Commerce. Ce n'eft pas néanmoins que l'étendue de ces fortes de fupputations ait de quoi nous étonner, ni que nous devions les juger au-deffus de nos forces. Ce qui fait que nous ne nous appercevons pas aifément de tout cela; c'eft que c'eft une efpece de circulation qui fe paffe parmi nous, & qui ne va

que par petites dettes ; qu'il n'eſt
en même tems que bien peu de
perſonnes qui s'aviſent de faire
attention à l'immenſité à laquelle
ſe montent en ſomme tant de
petits articles réunis enſemble ;
enfin que tout ce qu'on remarque là-deſſus ſe borne à un ſeul
point, qui n'en eſt que l'effet,
ſçavoir, que toutes les choſes
néceſſaires à la vie deviennent
de jour en jour de plus en plus
cheres.

Mais ſi nous conſidérions la différence qui regne entre les prix de
ces mêmes choſes néceſſaires à la
vie, en Angleterre & en France,
nous trouverions dans cette différence une explication com-
plete de l'effet total & immenſe
des mauvaiſes ſuites de nos impôts. Car on ne ſçauroit regarder
comme une bagatelle, ce qui
rend dans un pays auſſi fertile

que l'Angleterre, tous les vivres
auſſi chers qu'ils y ſont, & qui
y fait décliner ſi rapidement le
Commerce ; & il eſt d'ailleurs
ſenſible que nos Ouvriers obligés
d'acheter cher tout ce qui eſt néceſſaire à la vie, ne ſçauroient plus
ſe procurer de quoi ſubſiſter, qu'en
mettant leur travail à haut prix ;
à moins toutefois que leurs mains
qui demanderoient du travail,
ne ſoient abſolument liées par
les Etrangers, qui, moins taxés
que nous, & travaillant par conſéquent à meilleur compte que
nous, ſe trouvent par là en état
de donner, dans tous les marchés
où ils concourent avec nous, les
produits de leurs Manufactures à
meilleur compte que nous, & d'arrêter ainſi à la longue toutes nos
exportations de ce genre.

J'en appelle ici à l'expérience de
tout homme de probité & verſé

dans le Commerce, pour qu'il
décide si tous nos Commerces
ne déclinent pas en effet d'année en année, sur-tout notre
Commerce en Lainages, qu'on
jugeoit cependant autrefois nous
être aussi nécessaire que l'est le
pain pour le soutien de la vie de
l'homme ? s'il n'est pas vrai que
nos marchandises renchéries doivent, ou rester invendues, ou
se vendre à perte ? si ce n'en est
pas assez de cela pour faire manquer nos Marchands ? si les fail-
lites de nos Marchands ne doivent pas entraîner par contre-
coup après elles la ruine de nos
Fabriquans & de nos Tisserands ?
& si la ruine de ceux-ci ne doit
point mettre au désespoir les
Ouvriers qu'ils employoient, &,
ou bien en faire désormais autant de mendians ou de voleurs,
ou bien les faire fuir chez nos

rivaux, pour les aider à nous ruiner encore plus vîte, comme nous ne l'avons en effet que trop éprouvé dans ces dernieres années.

Opprimez le Commerce ; & le Peuple deviendra dès-lors tout-à-fait misérable, & à charge aux gens riches : ne faites même éprouver au Commerce que des accidens capables seulement de le rallentir ; & il n'en faudra pas davantage, pour augmenter dans la Nation le nombre des malheureux. La supposition suivante pourra servir à mettre ces vérités dans tout leur jour.

Qu'un homme pauvre se trouve, soit par la dureté de la saison, qui sera le tems mort de l'année, dans l'espece particuliere de Commerce qu'il fera, (car tous les Commerces ont des tems pareils,) soit par ma-

ladie , foit par d'autres accidens,
hors d'état de travailler : qu'ayant
d'ailleurs épargné précédemment
dix bons fchellings , il prenne le
parti de fe réduire , en attendant
un tems meilleur , au pur néceffaire : qu'en fuppofant qu'il n'y
eût point d'impôts d'établis , ce
néceffaire ne dût lui revenir qu'à
quatre deniers fterling par jour ; &
que fon argent pût en conféquence lui durer trente jours , après
lefquels il réuffiroit peut-être à fe
procurer de l'emploi : enfin que
nos différens impôts ayent porté
les chofes néceffaires à la vie de ce
même homme au prix de devoir
lui coûter deux deniers fterling par
jour , de plus qu'il ne les payeroit
fans cela , en forte qu'il ne puiffe
actuellement vivre à moins de
fix deniers fterling par jour ;
& ce fera dès-lors une chofe
évidente que fa petite réferve ne

pourra plus le mener qu'à vingt jours, ou qu'il sera forcé, ou à mourir de faim au bout de ce tems, ou à mendier ou à voler pendant les dix jours restans des trente, & après lesquels, s'il eut eu de quoi les passer doucement, nous supposions qu'il auroit pu trouver à s'occuper & à gagner sa vie.

Je conviendrai sans peine qu'il n'arrivera que rarement, ou même, qu'il n'arrivera jamais qu'un malheureux meure de faim parmi un peuple aussi humain que l'est le peuple Anglois. Mais le besoin ne pourra-t-il pas toujours déranger la santé du pauvre homme dont je parle ici, au point qu'il ne parvienne jamais à la recouvrer? Et ne sera-ce pas dès-lors un Sujet utile, une portion de la richesse de la Nation de perdue absolument pour l'Etat?

La profeſſion de mendiant, même durant dix jours ſeulement, accoutume avec cela de pauvres gens à une vie oiſive, dont il n'y a parmi eux qu'un petit nombre qui puiſſe enſuite ſe déshabituer; & ſi l'homme en queſtion n'eſt pas de l'élite, un Sujet utile ſe changera en cette ſorte en un Sujet onéreux, & ſouvent même en un vaurien.

Par le vol il deviendra la peſte de la ſociété : non content d'avoir offenſé ſes voiſins dans leur propriété, il ſe portera même ſouvent à leur ôter la vie : dans les deux cas il s'expoſera à être retranché de la ſociété par le bras de la Juſtice; & d'une ou d'autre maniere, ce ſera toujours une perte pour la Nation.

Suppoſons encore que ce malheureux ait une famille nombreuſe; & nous n'aurons fait par-là qu'accumuler sur lui de nouvelles miseres.

Donnez au contraire des encouragements au Commerce, en brisant l'un des fers sous lesquels il gémit, je veux dire l'excise ; & les enfans du même homme seront dès-lors instruits & formés au travail : ils deviendront des Sujets utiles & industrieux : ils vivront doucement en bons ouvriers, ou peut-être en maîtres ; & ils contribueront ainsi de leur riches dans leurs impositions. de la Nation, & à soulager les secours à augmenter la puissance Car plus sera grand dans toute Nation le nombre des individus en état de contribuer aux charges publiques, moins une taxe également répartie portera sur chacun d'eux en particulier ; & c'est par conséquent l'intérêt des Riches de procurer aux pauvres

les moyens de bien gagner leur
vie; puisqu'en les empêchant de
le faire, ils se rejetteroient à eux-
mêmes fur les épaules un plus
grand fardeau; que l'oppreffion
qui réfulte des impôts ne s'arrête
point aux pauvres, mais qu'elle
s'étend comme un mal conta-
gieux jufques aux riches & aux nobles, dont elle fait même fouvent
difparoître peu-à-peu les fortunes,
& qu'enfin la principale caufe
de l'état malheureux où fe trouvent les tenanciers des gens ai-
fés, & qui retombe immédiate-
ment fur ceux-ci, c'eft fans doute
la grande augmentation de la
taxe pour l'entretien des pauvres,
de laquelle la Nation eft maintenant furchargée : taxe qui, en
quelques droits, a été récem-
ment à plus de huit fols par liv.
& qui ne fçauroit manquer de
faire baiffer de plus en plus la

valeur des biens des riches, jusß
qu'à leur entiere ruine.

Plusieurs Auteurs ont pensé
que les excises & les taxes sur
les terres, sont les moyens les
plus égaux de lever des subsides :
mais en considérant attentive-
ment la chose, on se persuadera
qu'il en est tout autrement. Toute
chose positive & involontaire est
inséparable de l'oppression. Or le
danger de l'oppression est le premier objet que l'humanité offre
à considérer au sujet des levées
qu'on peut vouloir faire sur le peuple ; de même que le second doit
être la bonté de la Police dont on
se propose d'user dans l'exécution,
afin de prévenir, & les subterfu-
ges, & la fraude, l'un & l'autre
enfans de l'oppression.

Un garçon ouvrier ne payera
l'excise, &c. que sur ses souliers
seulement.

Un ouvrier marié en fera autant pour fon compte , & autant peut-être pour celui de fa femme & pour celui de cinq garçons & de cinq filles, qui lui compoferont en tout une famille de douze têtes.

Un garçon qui aura une terre de 1000 liv. fterling de rente, payera 100 liv. pour fa part de la taxe fur les terres , fuppofée fixée à raifon de deux fols pour livre.

Un poffeffeur de terres marié, de la même richeffe , & qui aura une femme & dix enfans , payera précifément la même chofe.

Pourra-t-on dire que dans tous ces différents cas , l'excife fur le cuir, & la taxe fur les terres, feroient des impofitions réparties également ? N'eft-il pas au contraire évident, que dans le premier cas l'oppreffion augmentera dans le rapport de douze à un, & que dans le fecond, elle groffira au moins dans celui de quatre à un ? En effet le propriétaire de terres marié, & avec la famille que nous lui fuppofons, vivra-t-il plus à fon aife fur la totalité de fon bien, que celui qui eft garçon ne feroit fur le quart du fien ? &, quelle oppreffion ne fouffrira pas, à plus forte raifon, le premier des deux, s'il lui faut payer tout à la fois les deux impôts?

Il ne fera pas hors de propos d'examiner ici les inconvénients de la Capitation que les Etats Généraux de Hollande établirent le 28 de Mars de l'année 1742. par une Ordonnance, dont le préambule portoit, que « le falut » du pays & de fes habitans, de- » mandant qu'on tînt fur pied un » plus grand nombre de troupes » qu'à l'ordinaire, leurs Nobles & » Hautes Puiffances avoient été

» obligées de chercher les moyens
» les plus propres pour subvenir
» aux dépenses de cette augmen-
» tation ; que dans une pareille
» conjonéture, elles n'avoient rien
» trouvé de plus convenable que
» cet établissement d'une Capita-
» tion proportionnée aux moyens
» d'un chacun ; qu'en conséquence
» la premiere classe seroit de ceux
» qui possédoient, gagnoient ou dé-
» pensoient un revenu de 600 flo-
» rins, lesquels payeroient 6 florins
» de taxe ; & qu'à proportion,

	Flor.		Flor.
Ceux qui avoient un revenu de	 700	Payeroient	 8
	 800		 12
	 1000		 15
	 1200		 18
	 1500		 25
	 2000		 32
	 2500		 40
	 3000		 50
	 3500		 60

Ceux qui avoient un revenu de	Flor.	Payeroient	Flor.
	4000		75
	4500		90
	5000		120
	6000		140
	7000		160
	8000		180
	9000		200
	10000		250
	12000		300

Et ainſi de ſuite, en augmentant toujours le taux de la taxe, de cinquante florins pour chaques deux mille florins de revenu de plus.

Je demanderai ici, avec le reſpect qui eſt dû à leurs Nobles & Hautes Puiſſances, la permiſſion d'en revenir à ce que je diſois, il n'y a qu'un moment, que toute choſe poſitive & involontaire eſt inſéparable de l'oppreſſion, &c. & de faire ſur cette Capitation un petit nombre de remarques qui

qui pourront fervir de preuve à mon affertion.

En premier lieu, *cet impôt eft inégal, & par conféquent injufte ; ainfi il renferme en foi une vraie oppreffion.*

En effet un homme marié, qui aura fix, huit ou dix enfans, & fix cent florins de revenu, c'eft-à-dire, qui fera fi peu aifé & fi chargé de famille, qu'à peine fon revenu fuffira-t-il à fes befoins les plus preffans, & qu'il ne pourra guéres lui refter au bout de l'an un feul florin de net, cet homme payera la même Capitation qu'un garçon qui n'aura que foi feul à entretenir, & qui fera peut-être, chaque année, une réferve de foixante florins. Quelle injuftice & quelle oppreffion n'y a-t-il pas là ? On exige fix florins d'un homme qui n'a pas ce qu'il lui faudroit & qui ne peut pas épar-

gner un florin dans l'année ; &
on n'en demande pas davantage
à un autre qui en met à son
aise, par an, soixante à l'écart !
Cependant ce n'est pas encore là
le plus grand inconvénient dont
le plan en question soit susceptible, une fois qu'il aura lieu ; & si
les six cent florins de revenu de
l'homme qui vivra dans le célibat
lui viennent de l'intérêt de fonds
placés en Hollande, ou même
en Angleterre, & que le revenu
de l'homme marié soit au contraire le fruit de son travail,
l'injustice sera encore bien plus
criante, puisqu'on aura alors traité de la même sorte l'industrie &
l'oisiveté.

En second lieu, *il est pernicieux
au Commerce, & par conséquent,
il doit appauvrir la Nation.*

C'est une suite de ce qu'il
hausse le prix de la main d'œu-

vre, & celui des produits des Manufactures.

Exigez chaque année 6 florins d'un homme qui gagne 600 florins par an dans son Commerce, & dont la nombreuse famille consomme le tout, vous l'obligerez dès-lors à hausser le prix de son travail, ou de ses marchandises : vous ferez pis ; vous lui ôterez absolument le moyen de subsister : car, plus cher il voudra vendre ses marchandises, moins il en vendra, & par conséquent, moins il fera de Commerce ; de maniere, qu'en même temps que cette taxe aura augmenté ses dépenses, elle aura diminué son revenu. Or si ce n'est point là une oppression, je ne sçais ce qu'on pourra jamais appeller de ce nom.

Et il faut remarquer ici, que tout impôt sur les choses nécessaires à la vie, ou sur le

Commerce, produira du plus au moins un effet semblable.

En troisiéme lieu, *il tend à corrompre les mœurs du peuple, & par conséquent à le rendre inquiet & tumultueux, & dès-lors moins facile à gouverner.*

Car les payemens devant se faire à proportion de ce que chacun gagnera, dépensera ou possédera ; & la juste valeur de ces quantités ne pouvant être bien connue que des possesseurs mêmes, on sera d'abord obligé d'exiger de ceux-ci des déclarations, sous le sceau du serment. Il s'élevera donc incontinent, entre l'intérêt & la conscience, un combat dangereux ; & la suite d'un arrangement si sage sera enfin que l'honnête homme se trouvera dans une condition pire que celle du lâche parjure. En fesant le faux serment, on payera

moins qu'on ne devra, & on
épargnera son argent ; & en ré-
pondant suivant sa conscience,
on payera au contraire en entier.
Mais à quoi ne se trouvera pas
encore exposé celui qui se seroit
jusques-là conduit avec probité?
Il s'appercevra bientôt du manége des autres : il ne manquera
pas d'être piqué d'avoir payé plus
que son voisin : peut-être qu'au
bout du compte il en viendra à
penser qu'un faux serment ne lui
peseroit pas plus qu'à tant d'autres ; & dès-lors le gage le plus
solemnel de la vérité parmi les
hommes, sera fréquemment violé
& méprisé ; & l'intérêt triom-
phera à son tour de la conscience. Or une fois que celle-ci, qui
sert aux hommes comme d'une
digue pour retenir le torrent du
vice, a souffert une bréche, on
sçait qu'il s'enfuit bientôt de-là

un déluge d'iniquités, qui enfevelit fous les ruines qu'il laisse après foi tous les bons principes ; & l'on n'ignore pas d'un autre côté, que plus les hommes deviennent vicieux, plus ils en font difposés à réfifter à l'autorité.

§. VII.
Des droits de Douane.

Les droits qu'on nomme de Douane, font ceux qu'on leve par ordre du Gouvernement d'un pays dans les Douanes des Ports de Mer ou des Villes frontieres de ce pays, & fur les effets qui y entrent, ou qui en fortent.

Tous les Auteurs conviennent que le petit taux des droits de Douane en Hollande, eft une des caufes du grand Commerce de cette nation.

Or fi des droits de Douane,

à un taux foible, produisent un
grand Commerce, il s'ensuit réciproquement de-là que des droits
de Douane, à un taux fort, doivent retrécir le Commerce ; ce
qui se rapporte à ce que nous
éprouvons aujourd'hui.

Et si le Commerce de tout
pays est d'autant plus grand que
les droits de Douane du pays sont
plus bas, on peut pareillement
conclure de ce principe, que la
suppression des droits de Douane
d'un pays, ou ce qui reviendroit
au même, l'établissement de Ports
francs dans ce pays, devroit porter le Commerce de ce même
pays au plus haut dégré de splen-
deur dont il seroit susceptible ;
état auquel il n'auroit en effet
tenu qu'à nous de nous élever.

Enfin si le petit taux des droits
de Douane produit de si bons
effets dans la Hollande, que la

nature moins avantageusement
partagée que tous les autres pays
de l'Europe ; l'établissement de
Ports francs devroit donc être
suivi d'effets bien meilleurs encore , & même d'une étendue
immense, dans l'Angleterre, dont
les avantages naturels sont, comme on le prouvera plus bas, supé-
rieurs à ceux de tout autre pays
de la même partie du monde.

Pour faire sentir que les observations qu'on vient de faire sont
fondées en raison , il suffit de
montrer comment les droits de
Douane , & sur-tout ceux qui
sont établis sur un taux fort haut,
arrêtent le cours du Commerce
de notre nation.

En premier lieu , *ils empêchent*
que la Grande-Bretagne ne devienne
un magasin universel.

En effet nos droits fesant une
si grande augmentation de dé-

bours dans le premier coût des Marchandifes, aucun Négociant ne fe déterminera qu'avec peine à employer ici en payement de droits une fi grande partie de fon capital, & à l'y laiffer ainfi mort, tandis qu'il pourra en d'autres pays faire circuler en Marchandifes fon capital entier ; & les Marchandifes ne pourront d'ailleurs guére être *réexportées*, attendu que bien que le Gouvernement rende à la *réexportation* la plus grande partie des droits qu'il a perçus précédemment, il en retient cependant quelques-uns, foit à l'entrée, foit à la fortie, par exemple, ceux qui fe rapportent à l'entretien des Officiers des Douanes ; & que l'intérêt de l'argent employé antérieurement au payement des droits, refte en pure perte pour le Propriétaire ; d'où il réfulte, eu égard fur-tout à l'excès de notre intérêt ordinaire de l'argent sur celui des Hollandois, que ces mêmes effets ne peuvent, à beaucoup près, passer de notre nation à aucun marché étranger, à aussi peu de frais qu'ils y seroient apportés de Ports francs où ils n'auroient absolument payé aucuns droits, ni d'entrée ni de sortie.

Il s'ensuit donc de-là que nos Royaumes ne pourront jamais avoir ce meilleur choix des effets au plus bas prix, qui tente surtout les acheteurs. Les grands impôts dont on charge les marchandises de l'Inde dégoûtent, par exemple, absolument les Etrangers d'acheter à nos marchés, & principalement à raison du droit extraordinaire de commission qu'il leur y faut payer sur les débours qu'ils ont faits, & de la nécessité où ils s'y trouvent de tenir quelques mois leur argent hors de leurs caisses, en attendant la restitution des droits payés, laquelle doit leur être faite à la *réexportation* ; sans compter encore que la loi sévere qu'on leur impose de déclarer tous leurs effets à la Douane, mettant sous les yeux de tout le monde tous leurs actes & toutes leurs opérations de Commerce ; elle les empêche d'embarquer pour les Ports étrangers des marchandises qui y soient défendues ; ce qui nous prive de plusieurs branches utiles de Commerce ; que la Hollande & les Ports francs font au contraire, au grand avantage de ceux qui trafiquent en ces sortes de marchandises.

En second lieu, *ils font obstacle à l'accroissement de notre navigation.*

Et cela en ce qu'ils enchérissent

C vj

les frais, tant de la construction de nos navires que de notre navigation même.

Les cordages, les voiles & le fer, payant des droits, ne peuvent manquer d'être chers ; & plusieurs des choses nécessaires à la vie payant aussi divers droits & excises, le travail du constructeur ne le doit pas être moins de son côté ; & il en est encore de même à l'égard des provisions & agrès qu'on embarque à bord des navires.

Le Navigateur Anglois payant des droits de Douane & des excises sur ce qu'il a besoin de se procurer pour sa propre subsistance & pour celle de sa famille, a besoin d'un salaire plus haut que celui que donnent la plûpart des pays différens du sien, & il en reçoit en effet un tel.

Un navire Anglois construit &

équipé avec des matériaux chers,
& au moyen d'un travail cher,
avitaillé chèrement, & monté
d'Officiers & de Matelots payés
chèrement, ne peut être freté
qu'à haut prix : il ne sçauroit
donc nous apporter de l'Etranger, ni des denrées, ni des matieres premieres pour nos manufactures, qu'à un prix cher ; &
il ne peut non plus transporter
aux marchés étrangers qu'à un
prix semblable, nos propres denrées, & les produits de nos manufactures ; le tout au grand désavantage de nos ventes.

Il n'en faut pas davantage que
ce que nous venons de dire, pour
faire connoître clairement pourquoi nous ne sçaurions jamais
nous porter pour émules des Hollandois & des Hambourgeois, dans
la pêche de la Baleine qui se fait
sur les côtes du Groenland, dans

la navigation de là mer Baltique, ou dans la pêche du harang. En effet, on ne peut faire ces différens commerces, qu'en se contentant de petits profits ; & la cherté de notre navigation doit par conséquent nous en exclure à jamais.

De ce que la Grande Bretagne n'est point un magasin universel, il arrive que nos navires, semblables à des maisons sans locataires, restent oisifs & inutiles dans nos Havres, & qu'ils y attendent des mois entiers à être fretés ; que l'intérêt qu'on perd ou qu'on paye de l'argent qu'il en a coûté pour les construire, consomme ainsi d'avance le profit qu'ils doivent produire un jour ; & qu'on est outre cela obligé de leur faire perdre à grands frais du tems, à aller d'un Port à l'autre, pour tâcher de s'y procurer une cargaison.

Troisiémement „ *nos droits de Douane empêchent l'accroissement du nombre de nos Matelots* , *la vraie force de notre nation.*

Cette proposition n'eſt qu'une conſéquence de nos deux dernieres remarques ; car rien n'eſt plus propre à former un grand nombre de Matelots, & de bons Matelots , que des Ports francs ; attendu que c'eſt là qu'on entreprend les voyages les plus variés & de plus long cours, qu'on peut ſe procurer le plus facilement de l'emploi , & que doit ſe rencontrer la plus grande expérience ; qu'en un mot de pareils endroits n'offrent rien de moins que le Commerce du monde entier ; & puiſque les droits de Douane produiſent un effet contraire à celui de la franchiſe des Ports, , leur établiſſement parmi nous, doit réciproquement nous avoir

empêché de parvenir à cet accroiſſement de Matelots qui nous
ſeroit néceſſaire pour faire en
effet un grand commerce, qui
nous offriroit en même tems une
protection contre des ennemis
qui oſent nous braver, & qui
nous en vengeroit même dans
l'occaſion.

Les droits de Douane *ſur le
ſel étranger*, marchandiſe ſi néceſſaire à notre pêche, mettent
encore un grand obſtacle à l'accroiſſement du nombre des Matelots dans notre nation. Le nombre de Matelots que les Hollandois employent à leur pêche eſt en
effet prodigieux : je craindrois
bien que celui que nous em-
ployons à la nôtre, ne pût entrer en comparaiſon; & ſans doute
que les droits ſur le ſel étranger
contribuent beaucoup à la choſe.

Enfin les Matelots Anglois ne

pouvant, moyennant les droits de
Douane & les excifes, vivre que
chérement , & ayant en conféquence , & comme on l'a déja
dit , befoin d'un gros falaire , ils
font par-là exclus à leur grand
défavantage , & à leur grand
regret , de prendre de l'emploi
dans tous les Ports de l'Etranger
où ils pourroient légitimement
fervir ; & l'accroiffement de leur
nombre eft encore retardé à cet
égard.

Non-feulement tout cela entraî-
ne la diminution de nos richeffes,
notre fûreté en eft en même tems
ébranlée. Combien en effet ne
nous eft-il pas difficile en tems
de guerre, d'équiper notre Marine, qu'on a appellée affez à propos nos Châteaux flottans ? N'eft-
ce pas de-là que nous vient en
particulier cet ufage barbare d'enlever de force des Matelots de

nos Navires Marchands pour le
service du Roi *; usage qui réduit
un Matelot Anglois né libre,
à l'état d'un Esclave Turc ? Quel
acte plus absolu peut d'ailleurs
émaner de l'autorité despotique
du Grand Seigneur, que l'ordre
d'arracher un homme du sein de
sa famille, & de lui faire courir,
bon gré, malgré qu'il en ait, le
risque de la vie devant la bouche d'un canon ? Et si de pareils
actes étoient même fréquens en
Turquie, à l'égard d'hommes utiles, de tel état que ce fût, ne
les en chasseroient-ils pas bientôt
dans d'autres pays ; n'y en éclair-
ciroient - ils pas ainsi annuellement le nombre ; & ne faudroit-il
pas en conséquence y doubler ou
y tripler les gages de ceux qui res-

---

* C'est ce qu'on nomme en Angleterre
presser des Matelots.

teroient ? Toutes chofes que nous
éprouvons effectivement durant
la guerre, au grand préjudice
de notre commerce & de nos
manufactures.

En quatriéme lieu, *ils diminuent
les capitaux de nos Négocians.*

Et cela, parce qu'ils obligent nos
Négocians de conferver conftamment une grande partie de leurs
fonds oifive, pour pouvoir payer
de-là les droits des marchandifes
qu'ils importent ; ce qui eft en
effet équivalent, je ne dis pas à
leur faire avancer leur argent
pour le fervice de l'Etat, mais
je dis plutôt à leur faire courir
le rifque de n'être jamais rem-
bourfés des crédits qu'ils donnent, & qui divertit d'autant le
cours des richeffes qui feroient
deftinées à arrofer le Commerce ;
car il n'arrive que trop fouvent
que lorfque nos Marchands font

courts d'argent & qu'il leur en
faut tout à la fois compter à des
Receveurs de Douanes & à des
Fabriquans, ils en ont tant à donner à ceux-là, qu'il ne leur en reste
plus pour ceux-ci ; d'où s'ensuit
un cercle de défauts de payement,
dont les fâcheuses conséquences
peuvent s'étendre sur tous les
états de la nation ; au lieu que
les Négocians Hollandois, qui
achetent des Fabriquans, à-meil-
leur compte que les nôtres, &
qui font à tous égards le Commerce avec moins de fonds que
les nôtres, n'éprouvent que peu
ces difficultés d'être payés ; qu'ils
donnent en conséquence au Commerce une plus grande extension
que nous ; qu'ils encouragent par-
là les ouvriers plus que nous, &
qu'ils en ont dès-lors de plus industrieux que nous.

Voici une supposition qui

pourra fervir à faire connoître
les obftacles & les décourage-
mens que nos Négocians ren-
contrent dans leur Commerce,
ou qu'ils ont à y effuyer, de
plus que les Négocians Hollandois.

Un Négociant de Roterdam
embarque pour Bordeaux du
bled, dont le produit net doit
fe monter à la valeur de deux
mille livres fterling ; & s'il ordonne qu'on faffe le retour en
vins, qu'on embarquera pour
la Hollande, il ne payera pas
quarante livres fterling de droits.

Un Négociant de Londres embarque pour Oporto, en Portugal, du bled, dont le produit
net doit pareillement fe monter
à la valeur de deux mille livres
fterling ; & s'il ordonne auffi
qu'on faffe le retour en vins,
qu'on embarquera pour l'An-

gleterre, il payera plus de deux
mille livres sterling de droits.

En sorte que le premier coût &
les droits de cargaison du Négociant Hollandois se mon-
teront à la valeur de . . . . liv. 2040

Et que les mêmes cho-
ses se monteront à l'é-
gard du Négociant An-
glois à la valeur de . . . liv. 4000

Voilà donc 1960 livres sterling que le Négociant Anglois
aura déboursé pour droits, de plus
que le Négociant Hollandois, &
qui resteront enfouis pour le premier, jusqu'à ce qu'il ait réglé ses
comptes avec ceux à qui il aura
fait crédit, & que ceux-ci l'aient
satisfait ; ce qui pourra n'arriver
qu'un an, ou un an & demi après ;
au lieu que, le dernier ayant eu
d'abord le même capital que le
premier, il lui sera resté après

le retour 1960 livres fterling de plus qu'à celui-ci ; il n'aura tenu qu'à lui d'employer cette fomme en achat de marchandifes pour tenter une autre entreprife ; & fi c'eft, par exemple, en marchan-difes de laine qu'il ait préféré de faire fon nouvel envoi, il aura ainfi donné promptement un double emploi à la navigation & aux manufactures de fon pays.

Que fi les correfpondans à qui nos deux Négocians auront fait crédit, viennent à manquer avant la fin de l'année , & que les deux Négocians compofent avec eux à raifon de vingt-cinq pour cent, les pertes des deux mêmes Négo-cians fur le premier coût, & les droits des vins feront :

Celle du Hollandois de...l. 1530
Et celle de l'Anglois de...l. 3000

Autre confidération qui aug-mente les rifques des Négocians

Anglois, & qui rend leurs pertes plus fortes, qu'elles ne seroient en Hollande.

Cinquiémement , *nos droits de Douane favorisent l'usage des superfluités étrangeres , & ils obligent même à faire usage de ces sortes de choses.*

Plus nos marchandises étrangeres de luxe sont cheres , plus nos gens du bon ton les estiment : c'est l'argent qu'il leur faut mettre à ces sortes de choses qui en fait pour eux l'élégance ; & les droits qu'on impose sur des marchandises de pareille espece, ne produisent d'autre effet que de les faire mieux vendre.

M. Locke le prouve clairement dans *ses Considérations ,* &c. page 93 : « C'est, dit-il, la va-» nité & non l'usage dont peu-» vent être les choses , qui régle » la dépense de notre nation en » chaque

» chaque genre ; & il regne en
» conféquence parmi nous une
» émulation à qui acquerrera les
» effets les plus beaux, ou plutôt
» même les plus jolis, c'eft-à-dire,
» les plus chers, & non les meil-
» leurs, les plus commodes, ou
» les plus d'ufage. Combien de
» chofes n'eftimons-nous pas, &
» n'achetons-nous pas, par la feule
» raifon qu'elles nous viennent à
» grands frais du Japon ou de la
» Chine, auxquelles nous ne fe-
» rions point attention, ou même
» que nous dédaignerions, fi el-
» les avoient été fabriquées chez
» nous, ou fi c'étoient des mar-
» chandifes communes, ou que
» nous puffions avoir à bas prix ?
» N'avons-nous pas vû dans nos
» pays méprifer de nos marchan-
» difes, qui y avoient été expofées
» en vente pour des prix raifonna-
» bles, & courir à l'envi & avec

» ardeur après ces mêmes mar-
» chandises, & en donner des
» prix doubles, dès-lors que le
» vendeur avoit imaginé de les
» étiqueter de marchandises de
» France ? Ne pensons donc
» point que le sur-haussement du
» prix des marchandises étran-
» geres de mode doive en dimi-
» nuer la vente parmi nous ; au
» moins tant qu'on pourra, par
» quelques moyens que ce soit, y
» en acheter ; & ne doutons point
» au contraire qu'il ne l'augmente.

Mais outre que nos droits de
Douane favorisent chez nous
la consommation de plusieurs
marchandises étrangeres futiles,
j'ai dit de plus qu'ils obligeoient
à faire usage de ces sortes de
marchandises ; & la raison en
est que bien qu'on retire le plus
souvent à la réexportation les
droits qu'on a payés sur quelques

articles de ces fortes d'effets, l'intérêt de l'argent qui a été payé pour les droits, foit à l'entrée, foit à la fortie, refte néantmoins en pure perte, & cette confidération met toujours quelque obftacle à la réexportation ; qu'à l'égard même de bien des articles, les droits ne fe rendent qu'en partie ; que ce qui refte forme ainfi une furcharge affez grande, pour devoir empêcher que nous ne venions à bout de vendre à aucun autre marché les effets qui en font affectés ; que tout cela oblige fouvent nos Négocians à abandonner par préférence ces fortes d'effets à notre propre confommation, & qu'il n'en faut pas davantage pour introduire dans le peuple le goût d'un luxe auquel il ne fçauroit fe livrer, que dans fes plaifirs ou même dans fes excès.

Les Hollandois qui ont tou-

jours l'objet du gain devant les
yeux, font au contraire conſtam-
ment attention à ce dont les effets
de ce genre qu'ils ont actuellement en magazin, pourront hauſ-
ſer dans des marchés étrangers ;
& ils ſe gardent bien ſur-tout de
ſe laiſſer tenter par des choſes
qu'ils jugent communes, qui n'ont
point en effet une grande valeur
actuelle, & ſur leſquelles ils ſça-
vent d'ailleurs qu'ils pourront faire tôt ou tard un grand profit; ce
qui fournit un exemple de leur
ſage œconomie, célébrée déja par
tant d'Auteurs, & à de ſi bons
titres.

C'eſt à la conſommation exceſſive, & non au commerce
des ſuperfluités étrangeres, qu'il
faudroit s'oppſer ; & ce qu'il y
auroit de mieux à faire dans
cette vûe, ce ſeroit de taxer les
Conſommateurs, en laiſſant cou-

rir librement les marchandifes dans le Commerce : mais les hauts droits que nous mettons au lieu de cela fur les marchandifes, produifent un effet contraire à l'intention que nous devons avoir : car ils excitent de plus en plus à la confommation , & ils détruifent en même tems le Commerce ; le tout au préjudice immenfe de notre nation.

Sixiémement, *ces droits occa-fionnent la contrebande.*

Qu'il y ait un grand profit à efquiver de hauts droits , & il ne fera plus dès-lors ni de rifque ni de danger qui puiffent empêcher qu'on n'effaye d'en venir à bout. C'eft jetter l'hameçon à un poif-fon avide ; & le moyen qu'il n'y morde pas , quand meme il y de-vroit périr ? Cela peut même por-ter fur des Commercans qui au-roient été jufques-là honnêtes

gens, les déconcerter, & faire enfin naître en eux la tentation de
se jetter dans la contrebande, ou
même les obliger à s'y jetter en
effet ; & les voilà dès-lors associés
aux exemples nombreux de dé-
pravation que ce siécle nous offre
dans plusieurs de nos concitoyens,
gens qui vivent dans un état de
guerre avec le Gouvernement &
dans la défiance continuelle des
loix, & de l'aveuglement & de la
conduite desquels, à moins qu'on
n'y remédie promptement, doit
s'ensuivre la corruption univer-
selle des mœurs & le mépris général de l'autorité.

Et sans compter encore que la
contrebande ne se fesant guére
que sur des marchandises de luxe,
comme sur l'eau de-vie, sur le thé,
sur les vins de France, sur les den-
telles, sur les soyeries, &c. elle
répand peu-à-peu la consomma-

tion de toutes ces différentes choses dans le bas peuple, qui eft tenté
d'imiter à peu de frais, le luxe de
gens d'un plus haut état, & que
les mêmes contrebandiers qui
nous apportent toutes ces chofes
fuperflues, s'en retournent chargés d'une grande quantité de nos
laines en fuin, ou non travaillées,
au grand préjudice de nos Manufactures, & en général de notre
nation.

Septiémement, *ils font la ruine
de nos Fabriques, & plus particuliérement encore de nos Fabriques d'é-
toffes de laines.*

Les droits de Douane empêchent en effet les trocqs au-
dehors, des produits de nos manufactures, pour des marchandifes étrangeres, non-feulement
des efpeces propres à notre confommation, mais encore des efpeces dont nos Négocians ne pren-

droient que pour en faire l'exportation ; ce qui peut renchérir les
ventes de nos effets dix fois au-
dessus de leur prix actuel. Car si
un de nos Négocians pense aujourd'hui à exporter d'Angleterre
des marchandises de laine & à
les trocquer pour des vins, il
trouvera que les droits qu'il aura
à payer sur les vins, se monteront plus haut que ne pourront
lui coûter les marchandises de
laine ; de maniere qu'il lui faudra pour son entreprise un double capital, & que ç'en sera assez
de cela, pour faire perdre à la
nation les ventes d'une grande
quantité de lainages.

A proportion que les droits
de Douane enchérissent les dépenses de notre navigation ; à
proportion aussi doit hausser le
fret de nos Navires. Les prix
du savon, de l'huile & des dro-

gues servant à la teinture, & que nos manufactures emploient, sont donc par-là grossis pour le Fabriquant ; & le fret des draps & étoffes exportées, se trouvant pareillement rehaussé par les mêmes causes, ce sont encore là autant d'entraves nouvelles pour nos Négocians dans les ventes de nos effets en laines.

Nos droits de douane sont encore obstacle à nos Commerces, soit de transport ou cabotage, soit de pêche, vraies meres-nourrices de nos Matelots ; ce qui fait que n'y ayant plus parmi nous qu'un petit nombre de Matelots, & leurs dépenses étant d'ailleurs haussées par des impôts, on est obligé à leur donner de plus hauts gages ; autre augmentation nouvelle sur le fret, au grand préjudice de notre Commerce en lainages.

D▼

Ces droits retranchant à nos Négocians une si grande quantité de leurs fonds, il est aisé d'en conclure qu'ils doivent les empêcher d'acheter un aussi grand nombre de draps qu'ils acheteroient sans cela, & de faire ce grand Commerce, auquel la nature paroissoit les avoir appellés : les risques que les Négocians courent dans le Commerce, étant d'ailleurs plus grands parmi nous qu'ils ne sont en Hollande, cette raison se joint à la précédente, pour rendre les banqueroutes beaucoup plus fréquentes chez nous que chez nos voisins ; & tout cela influe sensiblement sur nos Fabriquans, qui en général sont tous Créanciers pour de grosses sommes ; car on peut regarder des Négocians en correspondance les uns avec les autres, comme des quilles placées, & dont il n'en sçauroit guére tomber aucune qui n'en abbate plusieurs autres.

Les mêmes droits donnent chez nous du prix aux produits recherchés des Manufactures étrangeres. Dès-là en effet qu'ils les y ont rendus coûteux, la vanité les y rend bientôt de mode ; & nos marchandises de même genre, toutes supérieures qu'elles sont en bonté, y sont au contraire méprisées ; ce qui porte aussi un grand coup à nos Fabriques.

Ils y sont encore la cause de la contrebande qui s'y fait sur les laines, par l'appas qu'on a dit qu'il y avoit à faire passer en contrebande du thé, de l'eau-de-vie & des Marchandises de France, & le profit que les contrebandiers trouvent à faire leur retour en une Marchandise d'un débit si prompt, si certain & si avantageux : car les

taxes que paye la nation Françoise, étant moins fortes que celles auxquelles nous sommes imposés ; cette nation pouvant en
conséquence travailler à meilleur
compte que nous, & les laines
d'Angleterre & d'Irlande étant si
recherchées parmi elle, qu'elle y
met de hauts prix, il arrive de-là
que les François nous enlevent de
grandes quantités de laines, à la
ruine de nos Manufactures.

Enfin les droits particuliers de
douane sur *les cendres*, sur *le*
sel gris, sur *le coton*, sur *le cuivre*
sur *les charbons*, sur *les drogues*
servant à la teinture, sur *le savon*,
sur *le lin étranger*, sur *les fruits*,
sur *les fourrures*, sur *les chanvres*,
sur *le fer*, sur *le cuir*, sur *le linge*,
sur *l'huile*, sur *le papier*, sur *le ris*,
sur *le tabac*, sur *le suif*, sur *le fil*,
sur *les rubans de fil*, sur *la soie &*
sur *le sucre*, choses qui sont tou-

tes, ou néceſſaires à la vie, ou des matieres premieres dont on ſe ſert dans les Arts, ces divers droits, dis-je, doivent néceſſairement renchérir tous les produits de nos Manufactures, non ſeulement pour nous - mêmes, mais encore pour les Etrangers, (& cela indépendamment des exciſes que nos ouvriers ont à payer); déſavantage qui met les Etrangers, nos concurrens en ce genre, en état d'envoyer au-dehors les produits de leurs Manufactures, à meilleur compte que nous n'y pouvons faire paſſer ceux des nôtres, & d'introduire même leurs Marchandiſes, en contrebande & en dépit de nos loix, dans notre propre pays, à la ruine de nos Fabriques.

En effet tous les droits dont on vient de parler, ne ſont pas moins des taxes ſur les lainages,

qu'ils en feroient, s'ils avoient
été imposés sur la laine même,
& ç'en sont même à meilleur titre ; puisqu'il faut que le Fabriquant préleve sur ses ouvrages
en laine de quoi payer, & les
frais qu'il lui en coûte pour chacun de ces articles, & l'intérêt
de ses débours durant le tems qui
doit s'écouler avant que son argent lui rentre. C'est donc ainsi
que nous chassons nous - mêmes
sans retour de chez nous nos propres Fabriques ; & les Etrangers
ne feroient en effet jamais dans
une situation à pouvoir se porter
pour rivaux en ce genre, des habitans d'un pays aussi fertile que le
nôtre, si nous ne leur en fournis-
sions nous-mêmes les moyens par
de hautes taxes & par des gênes,
toujours préjudiciables au Commerce , quoiqu'elles ayent pu
avoir originairement pour objet

de le foutenir, & qui, quelque rigoureufes que foient les loix pénales fur lefquelles elles s'appuient, ne produifent pourtant jamais l'effet qu'on s'eft propofé dans leur établiffement.

M. Locke m'en fournit une preuve, dans *fes Confidérations.*

» C'eft, dit-il, un crime capital
» en Efpagne, que d'en faire for-
» tir de l'argent monnoyé; & ce-
» pendant les Efpagnols qui four-
» niffent le monde entier d'or &
» d'argent, en ont moins chez
» eux qu'aucune autre nation. Le
» Commerce enlève ces métaux
» à ce peuple pareffeux & indi-
» gent, nonobftant tous les artifi-
» ces & toutes les inventions qu'il
» met en ufage pour les retenir :
» ils fuivent chez lui le Commer-
» ce, malgré la rigueur des loix du
» pays; & le défaut de Marchan-
» difes étrangeres dans le pays,

» fait qu'on les en emporte ou-
» vertement & en plein midi.

Or il semble que c'est-là l'image
de l'état auquel nous touchons,
& de ce que certain peuple, notre
voisin, pourra faire incessamment
à notre égard.

C'est, pourroit-on dire aussi, *un
crime capital en Angleterre, que
d'en exporter de la laine ; & les Anglois qui fournissent le monde entier de
laine, ont pourtant moins de Fabriques
de cette matiere qu'aucune autre nation. Le Commerce de contrebande
sçait enlever la laine à ce peuple
chargé de droits d'excises & de douane, nonobstant tous les artifices &
toutes les inventions forcées qu'il met
en usage pour la retenir : elle suit
chez lui le Commerce de contrebande,
malgré la rigueur des loix du pays ;
& faute qu'on y ait supprimé les taxes sur les Fabriquans, on l'en emporte ouvertement & en plein midi.*

Nous voyons donc par-là, qu'il n'eſt aucune peine, ni de banniſſement, ni de mort, qui puiſſe contraindre le Commerce à couler dans des canaux qui ne lui ſoient point naturels ; en quoi on peut le comparer à de l'eau contenue dans un vaſe, & qu'on ne ſçauroit y comprimer au-delà de ſes dimenſions préciſes, puiſque la grande force qu'on voudroit employer pour en venir à bout, ne ſerviroit qu'à faire crever le vaiſſeau, & que l'eau ſeroit ainſi perdue ſans reſſource.

Le grand de Wit, dans ſes *Mémoires*, Edition de Ratiſbonne, page 77, aſſure que » la Navigation, la Pêche, le Commerce & les Manufactures, qui » font les quatre colonnes de » tout Etat, & qui y donnent la » ſubſiſtance à la plûpart des ci-

» toyens, & attirent dans le pays
» toutes sortes d'Etrangers, sont
» autant de choses qu'on ne doit
» jamais ni laisser languir, ni char-
» ger de taxes ; à moins toutefois
» que la nécessité ne soit si pres-
» sante , qu'on puisse regarder
» le pays comme menacé de sa
» ruine entiere , qu'en pareil cas
» même , il ne faudra se permet-
» tre de porter coup à cette base
» fondamentale, qu'avec la per-
» spective de pouvoir un jour réta-
» blir les choses sur l'ancien pied ;
» qu'on ne sçauroit donc se trop
» presser de supprimer les taxes,
» dès que la tempête a cessé ;
» & qu'encore aura-t-il été d'a-
» bord à propos de ne point tou-
» cher du tout aux Manufactures ;
» parce que ces établissemens
» nous sont communs avec nos
» voisins, & que nous sommes
» obligés de tirer de l'Etranger

» bien des drogues & des maté-
» riaux qui leur servent d'alimens.

Huitiémement , *ils font sortir
nos especes de notre pays.*

L'Angleterre , qui ne possede
de mines, ni d'or , ni d'argent, n'a
d'autre moyen de se faire , ni de
se conserver un fonds , que son
Commerce étranger ; & comme
les droits bornent son Commerce
à de pures importations, soit pour
remplir ses besoins , soit pour sa-
tisfaire à son luxe , il arrive de-là
que ce qu'elle exporte de trop
peu , pour contre-balancer ses
importations , elle est obligée de
le payer en especes , & que la
balance générale du Commerce
penche ainsi de plus en plus tous
les ans à son désavantage. Nous
haussons tellement par les impôts
les prix de nos effets , que les
Etrangers n'en veulent plus : ils
continuent néanmoins toujours

à nous apporter leurs superfluités:
il faudra donc tôt ou tard que
nous les payions en entier de notre or ou de notre argent; & c'est
même ce que nos Regiſtres d'entrées de chaque ſemaine prouvent que nous commençons à
faire. Nos hauts droits de Douane ſervant d'ailleurs d'aiguillon
aux contrebandiers, qui n'ont que
rarement ni habitations fixes,
ni aucuns fonds de produits de
nos Manufactures en magazin,
ces ſortes de gens emportent encore avec eux une grande quantité de nos eſpeces, qu'ils emploient
enſuite à acheter de quoi revenir à la charge. Enfin dès-lors
que nous ſouffrons tous les jours
de ſi groſſes traites d'argent, le
travail de notre monnoie ne ſçauroit manquer de languir: auſſi ne
voyons-nous dans le Public que
bien peu de piéces d'or nouvelle-

ment frappées ; & à peine y en
rencontrons-nous une feule nouvelle d'argent. Il arrive donc de
tout cela, que nos éfpeces difpa-
roiffent peu-à-peu de chez nous,
& y deviennent de plus en plus
rares ; que notre Commerce décline d'année en année, & que
notre peuple meurt de faim.

Voici un calcul qui pourra fervir à fe convaincre, à quel point
les excifes, les droits de Douane
& les droits fur le fel, augmentent dans notre nation la dépenfe du peuple, & y ruinent en
conféquence le Commerce.

En premier lieu, les droits en
eux-mêmes.

On avoit trouvé avant la guerre, que le produit net des taxes
fe montoit bon an mal an, comme s'enfuit.

Les excifes à
environ 2,800,000

	tt
D'autre part . . .	2,800,000
Les droits de Douane à environ	1,700,000
Les droits sur le sel à environ . . .	150,000
Total que l'Etat recevoit	4,650,000
Les charges de la levée de ces droits alloient à environ 10 pour ÷ de la valeur des droits mêmes, ce qui feroit	465,000
Total que le peuple payoit	5,115,000

D'autre part 5,115,000

En second lieu, le surhauffement de prix des effets fur lefquels étoient impofés les droits cy-deffus *(a)*.

(a) Avant que d'entrer dans les calculs fuivans, que nous croyons être en général un peu enflés & renfermer un double emploi, & pour répandre d'avance du jour fur les obfervations que nous aurons à faire à ce fujet, il convient de remarquer d'abord que l'Auteur fe propofe ici pour but de montrer que les excifes, les droits de douane & l'impôt fur le fel, tels qu'ils ont lieu en Angleterre, & groffis des augmentations de prix qu'ils y occafionnent dans les marchandifes, à la charge des Confommateurs, font une groffe fomme, eu égard au revenu annuel que ce pays auroit fans eux; qu'il y eft donc queftion de faire voir que le rapport que les charges groffies des augmentations, ont avec la différence du revenu national à ces mêmes charges, groffies des augmentations, doit être ex-

D'autre part 5,115,000
Une triste

---

primé par une fraction affez grande de l'unité;
que c'eft-là une chofe que l'Auteur prétend y
pouvoir déduire de la fuppofition qu'il fait, &
que nous croyons fort peu jufte, que le dénominateur de la fraction propre à exprimer ce
rapport, puifse être affez exactement déter-
miné d'après des allégations d'autres Auteurs,
& de la maniere dont il fe permet d'en groffir
de plus en plus (& felon nous, en partie, mal-
a-propos) le numérateur; au lieu que nous
la conclurons auffi, &, à ce qu'il nous fem-
ble avec bien plus de droit que lui, en ne
groffiffant point comme lui exceffivement
le numérateur de la fraction, mais en fefant
voir que fon dénominateur tel qu'il l'a pris,
d'après des allégations d'autres Ecrivains, eft
près de deux fois plus grand qu'il n'auroit dû
être; enfin que nous jugeons que c'eft le
deffein qu'il a eu de parvenir à une fraction
de l'unité, auffi forte que d'autres connoiffances lui fefoient entrevoir que celle qu'il
cherchoit devoit être, & cela en confervant
par erreur un dénominateur plus que deux fois
trop fort, qui l'a fait tomber dans le défaut que
nous lui reprochons, d'avoir trop groffi fon
numérateur, & peut-être encore d'avoir un
peu embrouillé les chofes, pour mieux réuffir
à fe faire paffer par le Lecteur cette faute de
calcul.

D'autre

tt

D'autre part 5,115,00t

Une triste ex-
périence nous
apprend que
chaque petit
droit qu'on
peut impoſer
directement
ou indirecte-
ment ſur des
marchandiſes,
ſurhauſſe tou-
jours pour les
conſomma-
teurs, le prix
de ces mêmes
marchandiſes,
beaucoup au-
delà de ce à
quoi les fe-
roit monter
le gros droit
auquel elles

Tome I. E

D'autre part 5,115,000

sont directe-
ment taxées.

Or telles sont
les petites im-
positions qui
résultent ;

Des gages
qu'on accor-
de aux Em-
ployés , les
vrais tyrans du
commerce;

De la perte
de tems qu'on
oblige les Né-
gocians à faire
aux bureaux
d'excises ou
à la douane,
pour y atten-
dre la com-
modité des

D'autre part 5,115,000

Employés, eux dont le tems est le pain;

De la nécessité où l'on met les Négocians de tenir continuellement en réserve, ⅟₄ ou environ de leurs capitaux, pour faire face de-là aux droits, en les obligeant ainsi à faire ensorte de retirer sur les ¼ restans, le même profit qu'ils se se-

D'autre part 5,115,000

roient con-
tentés de fai-
re sur la to-
talité, si el-
le avoit été
exempte de
droits.

Et des pro-
fits qu'il faut
que les Négo-
cians fassent
sur leur avan-
ce des droits,
& sur le mon-
tant des avan-
ces & profits
qui ont été
retirés anté-
rieurement &
à pareil titre,
par toutes les
mains par les-

D'autre part 5,115,000

quelles ont dû paſſer les effets taxés, avant qu'ils puſſent parvenir dans les leurs, & de-là aux conſommateurs.

Par exemple, ſuppoſons d'abord qu'il n'exiſtât en Angleterre d'autre taxe que celle qu'on y paye ſur les Cuirs ; & voyons combien en conſéquence, il entreroit de ſur-

D'autre part . . . .

hauffemens de prix dans la valeur des fouliers que nous portons.

1°. Le Marchand de bœufs tenant des engrais, chargeroit pour fa part la bête qu'il auroit engraiffée, de l'augmentation du prix de fes fouliers, & la vendroit fur ce pied-là. 2°. Le Boucher qui auroit acheté la même bête,

E ij

D'autre part 5,115,000

retiendroit un profit sur le rembourse-ment qu'il au-roit fait de l'augmenta-tion que le marchand de bœufs auroit mise à son prix, & après avoir augmen-té déja d'au-tant le prix du cuir, 3°. il l'augmen-teroit encore pour sa part, à raison de l'augmenta-tion des sou-liers qu'il por-

E iij

D'autre part . . . . . : . . 5,115,000

teroit. 4°. Le tanneur acheteroit du boucher le cuir ; & d'abord les ouvriers qu'il employeroit, lui demanderoient de plus fortes journées, à raison du plus haut prix de leurs souliers : 5°. il lui faudroit payer la taxe de deux deniers par livre sur les cuirs : 6°. il ne manqueroit pas de re-

D'autre part 5,515,000

tenir un pro-
fit fur les cinq
augmétations
cy-deffus qu'il
auroit rem-
bourfées ; &
7°. il hauffe-
roit enfin le
prix de fon
cuir tanné,
non feule-
ment à raifon
de tout cela,
mais encore
à raifon de
l'augmenta-
tion de fes
propres fou-
liers 8°. Le
corroyeur qui
acheteroit du
tanneur, reti-

D'autre part 5,115,000

reroit un profit
sur les sept au-
gmentations
cy-deſſus, qu'il
auroit rem-
bourſées : 9°.
il mettroit en-
core ſur le cuir
qu'il prépare-
roit, un ſur-
hauſſement
de prix pro-
portionné au
ſurhauſſemēt
de ſes ſou-
liers; & il ven-
droit ſur ce
pied-là ſon
cuir coupé au
cordonnier.
10°. Les gar-
çons de celui-

D'autre part 9,315,000

ci lui deman-
deroient un
plus haut fa-
laire, à raifon
du plus haut
prix de leurs
fouliers : 11°.
il prendroit
auffi lui-mê-
me un profit
fur les dix au-
gmentations
cy-deffus :
12°. il aug-
menteroit le
prix des fou-
liers qu'il
feroit, du
prix groffi des
fouliers qu'il
porteroit ; &
il vendroit

D'autre part 5,115,000

ainsi aux con-
sommateurs
des souliers à
un prix gros-
si de ces dou-
ze augmen-
tations , &
par consé-
quent fort au-
delà de ce
qu'emporte-
roit le pur
droit sur le
cuir employé
seul directe-
ment dans les
souliers qu'il
livreroit.

Tout ce que
l'on vient de
dire n'est re-
latif qu'aux

D'autre part 5,115,000

droits sur les cuirs seulement ; mais le marchand de bœufs, le boucher , le tanneur , le corroyeur & le cordonnier se servent aussi tous de savon : ce savon n'est pas moins sujet à un droit que le cuir ; & la taxe sur le savon doit, ainsi que celle sur le cuir , être multipliée par le nombre des

D'autre part 5,115,000

personnes travaillant directement ou indirectement aux souliers, & qu'elle affecte toutes ; ce qui fera encore douze autres augmentations à mettre sur les souliers à vendre, à raison de la taxe sur le savon.

Et comme tous ces gens-là se servent encore de chandelles, il faudra donc

D'autre part 5,115,000

aussi emploier douze autres augmentations sur les souliers à vendre, à raison de la taxe sur les chandelles ; & il en fera de même à l'égard des taxes sur toutes les autres choses nécessaires à la vie.

Ce qui bien considéré & ajoûté bout à bout, peut bien aller à 100 pour ÷ du produit direct

D'autre part 5,115,000

des droits ;
mais quoique
les gros droits
occasionnent
diverses au-
tres augmen-
tations sur
tous les ef-
fets sur les-
quels ils sont
imposés, eu
égard aux dif-
férens profits
retenus suc-
cessivement
sur ces effets,
par toutes les
mains par les-
quelles ces
mêmes effets
passent ; ce-
pendant com-

D'autre part 5,115,000

me les aug-
mentations ré-
fultantes des
gros droits ne
font pas com-
parables à cel-
les qui réful-
tent des pe-
tits, & qu'il
convient tou-
jours de mo-
dérer les cal-
culs, je préfé-
rerai de ra-
battre des au-
gmentations
cy-deffus, &
de les fixer
en total à 50
pour ÷ feule-
ment du pro-
duit direct des

D'autre part	5,115,000
droits ; ce qui donnera . . .	2,557,500
Et la valeur augmentée des effets sur lesquels auront été mis les droits, sera en total de (*b*) . . .	7,672,500

(*b*) Il ne faut point perdre de vûe que le cordonnier n'est placé ici que pour y servir d'exemple ; que dans les articles 4 & 10 on a employé l'augmentation provenante des journées des ouvriers qui avoient travaillé au cuir des souliers, laquelle étoit la seule chose sur laquelle on supposoit alors qu'il existât des Droits ; que par l'enchériffement du savon & des chandelles, duquel on a fait ensuite mention, on a représenté l'enchériffement de toutes les autres choses, dont pouvoient se servir les gens dont on avoit parlé ; & qu'enfin le cordonnier même représente ici, non-seulement le dernier Artisan travaillant sur la marchandise, mais encore le marchand qui la

D'autre part 7,672,500

Voyons maintenant

---

livre au confommateur, & que par conféquent, fi l'on n'a pas ajoûté, par exemple,
un marchand en gros, qui achèteroit du
cordonnier des affortimens de fouliers qu'il
revendroit à des détailleurs, pour qu'ils en
revendiffent eux-mêmes au public, on doit
être au moins cenfé avoir renfermé tout cela
dans le cordonnier : en effet, 1°. Il eft évident que toutes les augmentations du prix de
la marchandife provenantes des profits de
toutes ces fortes de gens-là, font, dans l'exemple du cordonnier, cenfées comprifes dans
la livraifon que le cordonnier fait des fouliers, dès-lors qu'il l'a fait aux confommateurs. 2°. On conviendra, en y fefant un peu
d'attention, que chaque fur-hauffement de
prix tombant fur la paire de fouliers, eft
en foi fi petit, que malgré le nombre prodigieux de ces fur-hauffemens, & l'idée que
l'auteur paroît avoir eue d'abord de les porter en total à cent pour cent de la valeur
primitive, ce ne fçauroit être néanmoins qu'en
ayant égard aux augmentations provenantes
des ouvriers & marchands en toutes chofes
taxées, différentes même de celles que l'on
confidere principalement, que l'on peut por-

D'autre part 7,672,500

comment cette somme de 7,672,500 livres sterling, circule dans le public, y renchérit le prix des marchandises, & ruine par conséquent notre commerce.

Premierement, cette

ter sans crainte d'erreur la somme de ces augmentations à cinquante pour cent de la valeur primitive, & la changer ainsi de 5,115,000 livres en 7,672,000 livres : or c'est de-là, selon qu'on le verra plus particuliérement dans la note suivante, que résulte originairement un double emploi dans ce que l'auteur va ajouter.

D'autre part 7,672,500

cherté de toutes les choses nécessaires à la vie, laquelle rehausse le premier coût de toute sorte d'effets, doit augmenter aussi le prix de tout travail.

Le Spectateur estime, N° 200, que le petit peuple, qui n'a point de propriété & qui gagne sa vie par son travail de chaque jour, con-

D'autre part. 7,672,500

somme les
deux tiers des
marchandises
sur lesquel-
les tombent
nos droits de
douane &
d'excises : il
faut donc que
ces sortes de
gens payent
les deux tiers
de ces mêmes
droits & de
tout ce qui
s'ensuit ; &
comme ils vi-
vent au jour
la journée ;
que ce qu'on
impose sur
eux, ils doi-

D'autre part 7,672,500

vent nécessai-
rement le re-
jetter fur d'au-
tres, & que
depuis qu'on a
imaginé tou-
tes nos diffé-
rentes taxes,
le gain qu'ils
peuvent faire
par leur tra-
vail, a dû grof-
fir affez, pour
qu'ils puffent
payer de - là,
ces taxes, l'au-
gmentation
de prix réful-
tante de ces
mêmes taxes
fur les effets

D'autre part 7,672,500

taxés, & l'aug-
mentation de
prix de toutes
les choses né-
cessaires à la
vie, que sup-
portent tous
ceux par les
mains de qui
les matériaux
de ces mêmes
effets passent,
comme celle
du bled &
des autres ali-
mens, celle
des habits,
non seule-
ment pour les
jours où cha-
cun est em-

ployé,

ployé , mais encore pour celle des jours où l'on chomme : voilà par conséquent une raison de groffir le falaire de la main d'œuvre du peuple, des deux tiers de 7,672,500 livres fterling, à quoi fe montoit l'augmentation de prix des effets fur lefquels font impofés les droits; ce qui fait 5,115,000

En fecond lieu, la mê-

D'autre part... 5,115,000

me chereté de toutes les cho- ses néceſſai- res à la vie, oblige les maî- tres artiſans, de faire payer à leurs prati- ques, les taxes & les augmen- tations réſul- tantes des ta- xes, qu'ils ſup- portent dans leur conſom- mation.

Le Spectateur, Livre qu'on a déja cité, eſti- me que ceux qui ont des biens propres,

††

D'autre part ... 5,115,000

payent , par
leur confom-
mation , le
tiers de nos
droits de dou-
ane & d'exci-
fes ; & com-
me on peut
divifer ces
fortes de gens
en deux claf-
fes , les com-
merçans , &
ceux qui ne
font point le
commerce, &
qu'aucun Au-
teur n'a en-
core fixé la
proportion
entre la con-
fommation

F ij

D'autre part.... 5,115,000

des uns & des autres, je suppoferai ces confommations égales, & fefant par conféquent chacune la moitié de la totalité des deux. Les gens qui ont des propres, & qui font en même tems dans le commerce, comme les Fabriquans, les maîtres artifans, les fermiers, les

tt

D'autre part... 5,115,000

marchands en
gros, les mar-
chands détail-
leurs & tenant
boutique, doi-
vent donc
mettre cha-
cun fur les ef-
fets qu'ils ven-
dent, l'aug-
mentation,
réfultante des
taxes, du prix
des chofes
qu'ils confom-
ment eux-mê-
mes, en nour-
riture, ha-
billemens ou
uftenfiles ; &
puifqu'ils en-
trent pour un

F iij

D'autre part... 5,115,000

sixieme dans la consom-mation des 7,672,500, li-vres sterling, à quoi se mon-toit en total l'augmenta-tion du prix des effets, ré-sultante des droits mis des-sus : cela fait 1,278,750

—————
6,393,750

En troisie-me lieu, les commerçans payant d'a-vance les au-gmentations de prix des marchandises,

D'autre part.... 6,393,750

doivent rete-
nir d'avance,
à raison de
ces augmen-
tations de
prix, des au-
gmentations
de profits; car
soit qu'ils em-
ployent leurs
fonds er ef-
fets qui ne
doivent se
vendre que
leur valeur
naturelle feu-
lement, foit
qu'ils les em-
ployent en ef-
fets, qui, eu
égard aux ta-
xesqu'on aura

F iiij

D'autre part.... 6,393.750

payées dès-
fus , doivent
se vendre le
double de
leur valeur
naturelle , ils
voudront tou-
jours retirer
un profit net ,
de chacune
des parties
de fonds avec
lesquelles ils
commerce-
ront.

En effet il
faut d'abord
prendre de
nécessité sur
la marchandi-
se, le profit ou
le salaire du

tt

D'autre part... 6,393,750

Fabriquant, de l'artifan & des ouvriers, ainfi que le profit du maî- tre marchand. Il en eft de même du pre- mier débours des marchan- difes. Et fi l'on confidere les différentes mains de com- merçans, par lefquelles les marchandifes paffent pour parvenir de l'ouvrier au confomma- teur, & qui

F v

D'autre part ... 6,393,750

toutes les ren-
chériffent
pour ce der-
nier, d'un petit
profit que cha-
cune prend
deffus, (ce qui
dans les petits
commerces
où les gains
font fort mé-
diocres, doit
être confidé-
rable, vû que
fans cela on
n'y fçauroit
vivre) , on
pourra , par
une eftima-
tion très-mo-
dérée, fuppo-
fer que le ren-

tt-

D'autre part... 6,393,750

chériffement que le tout produit d'avance fur les marchandifes, doït aller à 50 pour ÷ au-delà des deux articles cy-deffus; ce qui groffit encore le premier débours de 3,196,875

& fait en total (*c*) 9,590,625

tt-

_____

(*c*) Je ne conviendrois point d'abord, & c'eft une obfervation dont je ferai dans la fuite plus d'ufage, que, ni les Ouvriers, ni les Marchands, ou en gros, ou en détail, puffent ainfi faire retomber fur le Confommateur, la *totalité* des impôts & augmentations d'impôts qu'ils payent eux-mêmes; mais je

D'autre part 9,590,625

Et quant à la
portion de la

penserois au lieu de cela que par une espece de *tempérament* qui s'établit peu-à-peu entr'eux & les Consommateurs, ceux-ci supportent à la vérité en partie ces différentes choses, mais les obligent en même tems à vivre à l'étroit, pour en supporter aussi une portion, sous peine de cesser sans cela d'être autant employés; & il est d'ailleurs à croire que c'est le Consommateur qui donne ici la loi plutôt qu'il ne la reçoit; puisque dans les lieux mêmes ou arrondissemens, où les priviléges des Communautés de Fabriquans, ne mettent point ces Communautés à portée d'exercer de monopoles sur les ouvriers, on ne voit point que les renchérissemens plus ou moins forts des denrées, fassent renchérir à proportion les journées des pauvres ouvriers, & quelquefois même on ne voit point renchérir du tout ces journées.

Mais ce qu'il est sur-tout important d'observer ici, c'est qu'il s'ensuit des deux notes précédentes qu'on n'y doit partager par moitié, ni les deux tiers des taxes & des augmentations provenantes des taxes, sur les marchandises taxées, & dont la consommation est, suivant le *Spectateur*, faite par les seuls ouvriers, & se monte à 5,115,000 l. ni le sixième des taxes & des augmentations provenantes des taxes sur les mar-

tt

D'autre part 9,590,625

nation, laquelle
a des propres

---

chandifes, duquel la confommation eft faite,
fuivant le même livre, par les Propriétaires
ayant en même tems des fonds dans le Commerce, pour augmenter de nouveau de la
fomme de ces deux moitiés, ou de 3,196,875, l.
les taxes augmentées déja, & portées ainfi par
leur premiere augmentation, qui devoit tout
comprendre, à 7,672,500, liv. & que s'y prendre autrement, c'eft faire un double emploi.
En effet fi l'on prétendoit, par exemple, qu'un
Fabriquant en draps ou un Marchand Drapier,
par les mains de qui le cuir du cordonnier n'auroit point paffé, devroient néanmoins enchérir
auffi les fouliers, par l'enchériffement qu'ils
opéreroient dans l'habit que le cordonnier ti-
reroit d'eux, de même que le cordonnier devroit
en revanche faire enchérir le drap du Fabriquant & du Marchand qu'il chaufferoit; nous
repondrions que le Fabriquant & le Marchand
de draps dont on parleroit ici, étoient repré-
fentés cy-deffus par l'Ouvrier & le Marchand
de favon & de chandelles, & que puifqu'on
eft cenfé avoir employé toute l'augmentation
provenante des chandelles & du favon, on eft
cenfé auffi avoir employé toute celle qui peut
provenir du drap, &c. En forte qu'il n'y
auroit pas, moyennant cela, moins de raifon

D'autre part 9,590,625

& est hors du
commerce ,
son sixieme
de la consom-
mation des
7,672,500, li-
vres sterling ,
à quoi se mon-
toit la totalité

---

d'augmenter le sixiéme des mêmes taxes déja
augmentées, lequel est supporté par les Propriétaires hors du Commerce, & se monte
comme l'autre sixiéme ci-dessus, à 1, 278,
750, de sa moitié en sus, pour porter aussi
de nouveau cette moitié en ligne de compte,
qu'il n'y en auroit eu , de faire la chose à
l'égard des deux tiers & du sixiéme précédens.

Voilà donc en effet un double
emploi de 3,196,875
& dont la suppression doit réduire la somme employée par
l'auteur, de 10,869,375
à celle qu'il avoit déja eue précédemment, de 7,672,500

D'autre part . . . . . . 9,590,625.

des augmentations produites d'avance , par les droits , dans les effets qui y font fujets , fera 1,278,250

Augmenta- } tion totale... } 10,869,375.

Et ne voilà pourtant qu'une partie de la fomme à laquelle fe montent en total les fuites funeftes de la levée de 4,650,000, livres fterling, de la maniere

D'autre part 10,869,375

dont le gou-
vernement
les leve au-
jourd'hui sur
les marchan-
dises.

Nos autres
impôts sont la
taxe sur les
terres, de la-
quelle le pro-
duit, à raison,
pour le plus,
de 4 sols pour
livre, doit al-
ler à environ   1,960,000
                                              ―――――――――
Les droits de   12,829,775
controlle, sur
les fenêtres,
sur les poftes,
&c. produi-
sent, suivant

tt

D'autre part 12,829,375

les calculs que
l'on a faits de
la totalité . . ,   500,000
                                        ————————
On compte   13,329,375
que le produit
de la taxe
en faveur des
pauvres, doit,
à un taux
moyen, être
à peu près
égal à celui
de la taxe sur
les terres, &
que, lorsque
le commerce
tombe, & que
le prix des pro-
visions hauf-
se, il va mê-
me beaucoup
plus loin : mais

D'autre part   13,329,375

ne le mettons pas plus haut que celui de la taxe sur les terres, & nous aurons encore   1,960,000

Somme totale de toutes nos taxes, & d'une partie des consé-quences qui s'en ensui-voient avant la guerre (d).   } 15,289,375

_____

(d) Suivant la Note précé-dente, la somme qu'on employe ici de   15,289,375
doit, souftraction faite du dou-ble emploi   3,196,875
se réduire à   12,162,500
qui formera le numérateur de la fraction cherchée.

Voyons pré-
fentement à
quoi fe mon-
tent nos im-
pôts, relati-
vement à nos
dépenfes.

Le *Négo-
ciant Anglois*,
Vol. I, p. 65,
prétend que
notre nation
eft compofée
de 7,000,000,
d'ames ; & il
eftime que la
confomma-
tion de cha-
que particu-
lier va, chez
elle, à 7 liv.
fterling par
tête, le fort
portant le foi-
ble; mais com-

me les choses nécessaires à la vie, y sont devenues beaucoup plus cheres depuis l'année 1703, dans laquelle l'auteur de ce livre écrivoit, & que le nombre du peuple y a aussi augmenté depuis ce terme ; j'estimerai le nombre actuel du peuple à 8,000,000, d'ames, & la consommation moyenne des particuliers, à 8 l. sterling par an ;

ce qui porte-
ra notre con-
fommation
annuelle (*e*) à   64,000,000

(*e*) Je trouve en cet endroit deux chofes à redire.

La premiere, que l'Auteur, voulant employer les eftimations du *Négociant Anglois*, n'ait pas imaginé que les nombres ronds de fept millions d'ames, & de 7 livres fterling de confommation que le *Négociant Anglois* lui a fournis, les ayant tirés d'autres Auteurs, ne pouvoient être exacts, dès-lors qu'ils étoient ronds ; que n'étant pas exacts, ils devoient être fuppofés plutôt trop forts que que trop foibles, pour le tems au moins où le *Négociant Anglois* a été écrit ; & qu'en conféquence, tout ce que pourroit produire l'égard qu'il voudroit avoir aux augmentations de population & de cherté de vivres, qui auroient eu lieu depuis ce même tems, devroit uniquement confifter à l'enhardir à employer dans un tems poftérieur, ces mêmes nombres ronds, de fept millions d'ames, & de 7 liv. fterling de confommation par tête, au lieu de les porter à huit millions d'ames, & à 8 l. fterling par tête, & cela par un dégré d'accroiffement, qui feroit impoffible en 40 ans ou un peu plus ; quand même on fuppoferoit exacts les élémens dont je viens de parler.

La feconde, & qui eft bien plus impor-

++

D'autre part ... 64,000,000

Et de ces soi-
xante - quatre

————————————————————

tante, c'est que le *Négociant Anglois* , & après
lui notre Auteur, supposent même que l'Angleterre seule, n'y comprenant ni l'Ecosse, ni
l'Irlande, ni les plantations, renferme 7 millions d'ames, & bien plutôt encore qu'ils y fassent l'un & l'autre monter la consommation
moyenne de chaque tête à 7 l. sterling.

Or pour mettre le Lecteur à portée de juger
de la justesse de ma critique sur le dernier de
ces deux points, par l'examen duquel je crois
devoir commencer, je lui ferai d'abord observer que d'après bien des passages du *Négociant Anglois* , & ce que nous apprennent
M. Child , d'autres Auteurs & les Voya-
geurs, qu'on dépense fort peu dans les Provinces d'Angleterre, éloignées de Londres
& dans l'Ecosse & l'Irlande, la consommation
moyenne de chaque tête dans la Grande-Bretagne, paroît n'être à celle de chaque tête en
France, tout au plus que comme 4 à 3 : je pas-
serai de-là à l'estimation de la dépense moyenne de chaque tête en France, pour en conclure
combien celle de chaque tête en Angleterre
doit s'éloigner de la somme marquée par l'Auteur ; & je confirmerai les résultats de ces
Calculs par d'autres qui se rapporteront directement à la Grande-Bretagne, & dont l'Au-

D'autre part ... 64,000,000

millions de li-
vres sterling,

_____

teur même me fournira les élémens.

Or on peut suppofer que ceux des Payfans
François qui ne font, ni les plus chargés, ni les
moins chargés de taxes, foient, l'un portant l'autre, chefs d'une famille compofée de 4 têtes, fçavoir, le Payfan même, fa femme, un enfant ne
gagnant prefque rien, ou bien un vieillard ne
contribuant de prefque rien à la dépenfe commune, & un enfant ne gagnant, abfolument
rien; & j'ai fçu en effet qu'on eftimoit en France, dans des calculs de finance, les feux, à trois
têtes & demie.

D'ailleurs il y a dans les 12 mois de l'année,
environ 2 mois de Fêtes, & 2 mois du fort de
l'Hyver, dont le travail ne vaut pas celui d'un
mois d'un autre tems; ce qui en compte rond,
fait 3 mois à défalquer des 12, ou un quart
des journées payées, à conferver pour fervir
d'équivalent de celles qui ne le feront pas.

On fçait enfin que dans nos Provinces, le
pere d'une famille telle que celle dont je parle,
gagnant au plus 16 fols chaque jour, & le refte
de la famille gagnant en tout & au plus 8 fols
par jour, ou contribuant au plus de 8 fols par
jour à la dépenfe commune, ces gens-là fe fou-
tiennent, & n'ont point, s'ils font économes,

+

D'autre part... 64,000,000

la nation en
paye , com-

---

besoin de charités , même malgré quelques
non-valeurs.

Vingt-quatre sols de gagnés par jour ouvra-
ble , ou , suivant ce qui vient d'être dit , 18 s.
par chaque jour de l'année, suffisent donc absolument à cette famille , malgré les non-valeurs
& accidens, & font même plus qu'il ne lui faut
pour son entretien ; & en en défalquant, à titre
de non-valeurs ou accidens , un neuvième ou
2 s. par jour , ce sera à 16 s. par jour au plus,
que devra se porter la consommation des 4 têtes , homme , femme , enfans ou vieillard entre-
tenus dans la maison.

En effet cette famille ne consommera pas, par
exemple, par jour, plus de 8 à 10 liv. de pain de
seigle , qui est celui dont mangent la plûpart de
nos Paysans , & qui , dans les tems ordinaires,
revient en général dans le Royaume à environ
7 den. la livre ; de sorte que le tiers au plus des
16 s. lui suffira dans les tems ordinaires pour son
pain. Personne d'ailleurs ne doutera que la dépense en pain ne soit le tiers de la consommation
du Paysan, & n'aille même fort au-delà , ou
que la Taille & la Capitation, le logement &
les mauvais Vêtemens du Paysan, sa Boisson &
le peu de bonne Chere qu'il fait , étant répartis
par chaque jour ; n'aillent pas en somme &

D'autre

D'autre part ... 64,000,000

me il vient
d'être prouvé

---

même à beaucoup près au double de la valeur
de fon pain.

Et la chofe eft confirmée par le payement
qu'on donne, par exemple, en Franche-Comté
aux payfans travaillant aux mines, & aux filles
ou jeunes garçons aidant à ce travail dans les
triages & lavages ; payemens qui bien que fu-
périeurs à ceux de tout autre ouvrage ruftique,
ne vont pourtant qu'à 18 l. par mois pour les
hommes , & depuis 5 jufqu'à 7 l. & en compte
rond à 6 l. par mois pour une fille ou un jeune
garçon, tandis que la femme de l'ouvrier qui
fait fon ménage ne gagne prefque rien : enforte
que dans cette profeffion même qui eft meilleure que d'autres, & nulle déduction faite des
non-valeurs qui y font plus fréquentes que dans
d'autres, le gain de la famille entiere n'iroit
point à 50 l. par mois ; que déduction faite des
non-valeurs, il ne fçauroit fe monter à 17 ou
18 f. par jour l'un portant l'autre, & que cela
réduit encore plus bas les gains des gens de
journée travaillant à la Campagne, dans d'autres genres, lefquels font fans comparaifon
plus nombreux que ceux-ci.

Enfin dans des Cantons de Languedoc, voifins
de Villes de fabrique, & où par cette raifon la
dépenfe eft au moins moyenne entre les plus
fortes & les plus foibles du Royaume, on donne

꓿

D'autre part.... 64,000,000

cy-deſſus, tant
à raiſon des

_____

par an aux Métayers, qu'on prend cependant,
autant qu'on peut, gens d'élite, & à qui nous
pouvons ſuppoſer, ſans danger de nous trom-
per, la famille que nous avons dit :

1°. 7 ſeptiers de froment qui valent ordinai-
rement environ 10 l. 10 ſ. chaque & ꓿   ſ
en tout 73   10

2°. Deux ſeptiers de ſeigle qu'on
peut eſtimer à 14

3°. Une charge de bon vin qu'on
peut eſtimer à 6

Et deux de demi vin qu'on peut
eſtimer à . . . . ſ

Et en argent comptant 21
                                        _____

Ce qui ſe monte en total à 119   10
                                        _____

ou en compte rond, à un peu moins
que 120

Or en ſuppoſant, ce qui eſt de beaucoup trop,
que le gain de la femme & l'épargne du logement de la famille, réunis enſemble, faſſent moitié de ce gain ou aillent à 59 l. cela ne ſeroit entre le mari & la femme que 178 l. 7 ſ. & quand
même dans les 2 autres têtes ne gagnant preſque
rien, on ſuppoſeroit encore un ayde de Berger ;
cet ayde de Berger ne gagneroit dans le même
pays que 4 ſeptiers de froment, faiſant l. 42
un ſeptier de ſeigle de . . . . l. 7
& en argent comptant . . . . l. 10
en tout . . . . l. 59

tt

D'autre part... 64,000,000

taxes, qu'à rai-
son des au-

———————————

& ces 59 l. étant ajoûtées à ce que deſſus, le total ſe monteroit à 238 l. 5 ſ. par an, ou à raiſon
de 13 ſ. & un demi denier par jour pour la famille, ou encore à raiſon de 3 ſ. 6 d. par jour,
pour chaque tête.

Cette famille, qui certainement ſeroit plus
occupée à proportion du nombre des têtes, que
ne le ſont la plûpart des familles ordinaires de
payſans ſans propriété, ne gagneroit donc en
total que 13 ſ. & un demi denier par jour ; &
ainſi il eſt évident que nous avons même été
trop loin en eſtimant les dépenſes de la totalité
des familles de payſans à 16 ſ. par jour, & celle
de chaque tête de payſan, l'un portant l'autre à
4 ſ. par jour, & que par conſéquent chaque
tête de gens de la Campagne n'ayant point de
propriété, ou n'ayant que très-peu de propriété, ne doit être eſtimée en compte rond,
dépenſer tout au plus que 60 l. par an.

D'ailleurs je ne m'éloignerois point de penſer
que depuis que la France a acquis la Lorraine,
& que les générations nées à la ſuite de la révo-
cation de l'Edit de Nantes, ou au commencement
ment de ce ſiécle & à la fin du régne de Louis
XIV, ou même à la ſuite de la chere année de
1710, deux momens d'épuiſement pour notre
nation, ne dominent plus parmi nous; on peut
ſuppoſer en compte rond dans le Royaume, &

G ij

D'autre part... 64,000,000

gmentations
de prix que

---

y compris nos colonies, 20,000,000, d'ames,
au lieu des 19,94,146, que M. de Vauban y en
avoit trouvées de son tems, sans y comprendre
la Lorraine ; car d'un côté, M. de Vauban ne
soupçonnoit pas dans son calcul, tiré d'assez
bons élémens, des erreurs fort grosses : l'ad-
dition de la Lorraine en auroit d'ailleurs fait
monter en compte rond le résultat à environ
20,000,000 ; & si nous avons avec cela subi une
diminution de population dans la fin du dernier
régne, celui sous lequel nous vivons, & qui a
été le plus souvent tranquille & toujours doux,
doit dans un pays avantagé comme le nôtre par
la nature, & bien policé, & en plus de quarante
années de tems, nous en avoir déja remis ; enfin
ce qu'on allégue dans différens Livres pour di-
minuer ce nombre, se réduit à avancer sans
preuve, *qu'il n'y a pas d'apparence qu'il doive
passer* 18,000,000, *& que cela paroît bien fort ;
qu'on ne l'estime même qu'à* 17,000,000, ou bien
à se récrier sur le nombre de nos Ecclésiastiques, de nos Moines & de nos Religieuses, sur
la diminution du nombre des mariages, &c ; sans
faire attention que ces réflexions, toutes fondées
qu'elles sont, ne suffisent pas pour se déclarer
ni contre la bonté des élémens d'où partoit M.
de Vauban, ni contre le repeuplement en quarante ans au prorata de ce que nous avons perdu
à la fin du régne de Louis XIV ; puisqu'à ces
mêmes réflexions près, le Royaume se seroit

tt

D'autre part... 64,000,000
les taxes pro-
duisent dans

---

peut-être augmenté dans cet intervalle du double ou du triple de ce qui lui avoit alors échappé.

Or il semble que de ce nombre de vingt
millions d'ames, on en pourra mettre, conformément à un tableau que j'aurai occasion de
donner plus bas, plus de la moitié de paysans ou de très-pauvres ouvriers ne portant
pas leur consommation plus haut que ne font
les paysans : deux millions la portant à moitié en sus : quatre la portant au double : deux
la portant au triple; & deux consommant l'un
portant l'autre jusqu'à cinq fois autant, &
parmi lesquels seront même compris les gens
les plus riches; attendu d'un côté *le petit nom-*
bre de ceux-ci, & d'un autre côté, que *leur*
consommation ne va pas à beaucoup près aussi
loin que leur dépense, qui, quant à elle, com-
prend le payement de la consommation d'un
très-grand nombre d'autres personnes.

Or cela posé, le Royaume composé de vingt
millions d'ames ne consommera qu'autant que
s'il étoit composé de moins que trente-cinq
millions de têtes de paysans consommant chacun 60 liv. par an, c'est-à-dire, que sa consommation totale ne sera pas de deux milliards cent
millions par an, ou qu'elle n'ira tout au plus
qu'au prorata de 100 livres par an de dépense
moyenne pour chaque tête des vingt millions

G iij

D'autre part... 64,000,000
les marchandises environ 15,289,375
Et souftrac-
tion faite de
cette fomme,
nos dépenfes,
fi elles n'é-
toient point
groffies par les
impôts , n'i-
roient qu'à... 48,710,625

d'hommes qui le compoferont réellement.

De plus en eftimant, felon que nous avons déjà dit qu'on devoit tout au plus le faire, la dépenfe des Anglois à près d'un tiers enfus de celle des François, elle n'iroit malgré cela gueres qu'à 5 liv. fterling, au lieu des 7 qu'on fuppofe ici.

En effet on verra dans la troifiéme partie, que l'Auteur même eftime à 6 l. fterling ou environ 138 liv. tournois par an , le gain des ouvriers de la Grande-Bretagne ; à chacun defquels il donne au moins une perfonne à entretenir ; enforte que felon lui , la dépenfe annuelle moyenne de chaque tête dans l'état d'ouvrier , qui n'eft pas le plus pauvre des états, doit être dans la Grande-Bretagne de

Or 15,299,375 sterling de
charges mises sur 48,710, livres

---

moins que 70 liv. Or je demande d'après cet
aveu de l'Auteur, & l'observation que je viens
de faire de la différence qu'il y a entre la *consommation propre* d'une personne & *sa dépense*,
s'il ne seroit pas absurde de vouloir faire aller
la consommation annuelle moyenne de chaque tête Angloise, même jusqu'à 6 livres sterling ; ce qui feroit le double de la dépense de
chaque tête de l'état d'ouvrier ? & je me confirme en cette sorte dans l'induction par laquelle je viens de fixer en compte rond cette
consommation à 5 livres sterling par tête.

Quant à la question : Si le nombre des
habitans de la seule Angleterre doit aller
même à sept millions ? Je prie le Lecteur de ne
se décider à ce sujet, qu'après avoir fait réflexion que ce pays n'a guéres plus que le quart
de l'étendue de la France, laquelle n'est pas
non plus à beaucoup près un pays dépeu-
plé, & est généralement reconnue pour ne
contenir au plus que vingt millions d'ames ;
que dans ses efforts il ne met pas sur pied,
soit en matelots, soit en soldats, le quart du
nombre d'hommes qu'on voit la France montrer dans les siens, tant en soldats qu'en matelots ; que la grandeur & la magnificence
de sa Capitale, & l'étendue de son commerce
n'y attirent pas plus d'Etrangers que ses nom-
breuses colonies ne lui enlevent de monde
& que son luxe ne s'oppose à sa popula-

sterling font une imposition
de plus de trente-un pour cent

---

tion ; que l'état d'homme de mer & la maladie
de consomption, deux choses qui sont si communes dans la nation qui l'habite, & toutes les
guerres, soit civiles, soit au-dehors, dans lesquelles son génie inquiet la jette si souvent,
forment encore des obstacles continuels à
son accroissement ; que ce qu'elle peut tirer
de plus que ne font les Provinces de France,
de la bonne culture de ses terres, ne doit
pas non plus être supposé nourrir chez elle
un beaucoup plus grand nombre d'hommes
que nos Provinces n'en nourrissent à proportion ; puisqu'on sçait qu'elle en exporte
une grande partie, en tirant de-là ces profits de commerce qui lui servent à se soutenir dans une apparence brillante, malgré
l'état réel de dettes sans nombre, & par conséquent de vraie misere, dans lequel elle est
plongée & dont sa ruine entiere peut à tout
moment résulter, & que le luxe de ses gens
du peuple, fort supérieur à celui des François de même condition, peut consommer
l'autre partie ; qu'enfin la maniere avantageuse dont les Anglois pensent sur leur propre compte, est un garant assez sûr qu'il
doit y avoir beaucoup à défalquer de ce à
quoi leurs Auteurs portent en général leur
population.

Et supposant pourtant qu'il se trouvât dans
la seule Angleterre jusqu'à 7,000,000. d'ames,
dépensant 5 livres sterling chaque, cela ne
feroit toujours qu'une consommation totale

fur la nation , laquelle doit ajouter une valeur fictice prodi-
gieuse à nos Marchandises , les
rendre par conféquent d'un beaucoup moindre débit , & ruiner
abfolument notre Commerce.

Mais , pourroit - on nous dire
ici , les Etrangers ne payent - ils

---

de 35,000,000, liv. fterling , au lieu de celle
de 64,000,000, liv. fterling qu'emploie notre
Auteur.

Mais en défalquant de ces 35,000,000 l. fterling, les 12,102,500 l. il viendra 22,897,500 l.
& les deux nombres 12,102,500 & 22,897,000 l.
feront entr'eux environ dans le rapport de 54 à
100, & par conféquent toujours dans un rapport bien plus grand que celui de 31 à 100; &
fi nous fuppofons les confommations moindres, le rapport n'en fera que plus fort encore,
par la diminution que cela produira dans fon
dernier terme , & il n'en répondra ainfi que
mieux aux vûes de l'Auteur, dont la dernière
conclufion eft encore un coup très-vraie, quoiqu'il ait employé pour la prouver des principes
& des calculs faux; & cela parce qu'il a cru
vraifemblablement que c'étoit le feul moyen
d'en venir à tirer une conféquence, dont d'autres connoiffances lui faifoient d'ailleurs entrevoir affez fûrement la vérité.

G v

donc pas une grande portion de
nos impôts, à raison des Marchandises qu'ils prennent de nous,
& de la consommation qu'ils en
font ?

Nous répondrons à cela, qu'il faut
sans doute convenir de la vérité
de la chose, mais que si c'est
là ce qu'on s'est originairement
proposé, & à la continuation
de quoi on s'est attendu dans les
premiers tems où on a assis nos
impositions, ce sera aussi le plus
fort argument qu'on pourra al-
léguer contre ces mêmes impositions ; car nos impôts sur les
choses nécessaires à la vie, nous
étant si à charge, & ayant pour
nous des conséquences si funestes, eu egard à l'augmentation
de prix qu'ils produisent dans
nos marchandises ; ce qui doit
résulter de-là, c'est que les Etrangers ne nous demanderont chaque année que de moins en moins

de ces mêmes Marchandiſes.
Or moins ils nous en demanderont, moins notre peuple ſera
employé, & moins par con-
ſéquent il ſera en état de ſe
procurer d'argent pour payer ſes
taxes; & ces mêmes taxes aug-
menteront cependant à proportion qu'il perdra de ſon Commerce : car comme le Gouvernement ne rabat jamais rien, ni
des dépenſes, ni des impôts, &
que lorſqu'une eſpece de taxe
ſe trouve n'avoir point produit
l'effet qu'il en attendoit, il ne
manque point d'en imaginer,
& de lui en ſubſtituer une autre;
ce que les Etrangers ceſſeront
de lui payer, il nous le fera payer
à nous. En un mot, moins il y
aura parmi nous de Commerce
& d'argent, plus on nous acca-
blera d'impôts; & plus les impôts dont nous ſerons chargés

G vj

iront haut, moins devrons-nous
nous attendre à avoir parmi-
nous de Commerce & d'argent.
N'est ce pas là augmenter la charge du cheval & retrancher en
même tems de son ordinaire ?
Et devons-nous être surpris après
cela de voir le pauvre animal
succomber sous le fardeau ? Peut-
être qu'un tarif figuré dans l'intervalle de trente années, pourra
rendre la chose plus sensible.

Supposons que dans l'année
1710, tous nos impôts & une
partie des charges qui s'en ensui-
vent pour nous, se soient montés, comme à présent, à 15,
289, 375 livres sterling ; que les
Etrangers payassent alors $\frac{1}{7}$, &
nous $\frac{6}{7}$ de cette somme ; enfin,
que les Etrangers ayant été depuis se pourvoir à des marchés
moins chers que les nôtres, ayent
cessé peu à peu de prendre de nos
marchandises, à proportion d'un

pour cent par an : Voici dans ces fuppofitions ce que donnera le calcul fait de cinq en cinq ans.

	Les Etrangers payoient de nos Impôts.	Et nous en payons nous-mêmes.
L'Année 1710	£2,084,196	£13,105,179
1715	2,074,987	13,214,388
1720	1,965,778	13,323,597
1725	1,856,569	13,432,806
1730	1,744,360	13,542,015
1735	1,638,151	13,651,224
1740	1,528,942	13,760,433

Par où il paroît clairement de quelle maniere nos taxes actuelles chaffent peu-à-peu hors de chez nous notre Commerce, & accablent de plus en plus notre Nation, qui, en 1740, a, fuivant ce calcul, 655, 254 livres fterling à payer de plus qu'elle n'avoit en 1710; & cela avec $\frac{3}{8}$ de Commerce de moins, pour s'aider à les payer.

Remarquons ici, pour fervir de conclufion à cette portion de notre ouvrage, que dès l'établif-

fement de nos droits nombreux
d'Excifes de Douane, deux de
nos plus grands Auteurs ont bien
prévu que cet établiffement feroit néceffairement fuivi des pernicieufes conféquences dont nous
venons de faire une énuméra-
tion ; & achevons de prouver ce
que nous avons avancé, par les
argumens qu'ils ont employés &
qu'ils nous ont laiffés fur le même
fujet.

M. Locke, dans *fes Confidérations*, page 90, s'exprime fur ce
fur ce fujet en ces termes : « Pour
» lever trois millions fur des mar-
» chandifes, & les faire parvenir
» en entier au tréfor de l'Echi-
» quier, il faut impofer fur les
» Sujets du Roi beaucoup plus
» que trois millions ; car les Offi-
» ciers prépofés pour faire une
» pareille levée, ne fçauroient,
» fans de grands foins, & fur-
» tout dans le début, épier & ve-

» nir à bout de découvrir la moin-
» dre petite branche de Com-
» merce ; & en suppofant même
» que cette levée ne fût pas plus
» difficile à faire que celle de l'im-
» pôt fur les terres, & qu'il n'y
» eût que trois millions à faire
» payer, il eft évident qu'on ne
» pourroit tirer ces trois mil-
» lions des marchandifes, fans en
» augmenter le prix d'un quart
» en fus pour le confommateur ;
» en forte que celui ci achetât dé-
» formais tout ce dont il auroit
» befoin, un quart plus cher qu'il
» n'auroit fait fans cela. Voyons
» donc maintenant qui eft-ce qui
» devroit payer à la longue ce
» quart de plus, ou fur qui il
» tomberoit en dernier reffort. Il
» eft clair d'abord que, ni le Mar-
» chand en gros, ni le Marchand
» en détail, ne voudroient ni ne
» pourroient le prendre pour leur
» compte, & qu'en conféquence,

» s'ils payoient un quart de plus
» qu'auparavant pour les mar-
» chandifes en queſtion, ils pré-
» tendroient les revendre à pro-
» portion. L'Artifan & l'Ouvrier
» qui font de pauvres gens qui vi-
» vent du plus au moins au jour
» la journée, pourroient encore
» moins fupporter à leur perte cet
» enchériſſement ; & puiſque leur
» nourriture, leurs habits, leurs
» outils & uftenfiles, feroient en-
» chéris d'un quart en fus, il fau-
» droit bien auſſi qu'on leur aug-
» mentât d'autant leurs profits ou
» leurs falaires ; fans quoi n'ayant
» plus ce qui leur feroit nécef-
» faire pour fe foutenir, eux &
» leur famille, ils iroient bientôt
» à l'Hôpital.

Et il fait voir enfuite que tout
le grand fardeau de la confommation Domeſtique tombe en
dernier reſſort fur les terres.

Et le Docteur Davenant, dans

ses Essais sur le Commerce, Vol. III,
page 30, assure de son côté que
» de hautes Excises en tems de
» paix, sont absolument fatales à
» nos Manufactures : cette partie
» principale de la richesse de la
» Grande-Bretagne. Car, *dit-il*,
» le revenu doit en général avoir
» quelque proportion avec la dé-
» pense ; & par conséquent, si la
» dreche, le charbon, le sel, le
» cuir & les autres choses de ce
» genre, sont à un haut prix, il
» faudra hausser à proportion les
» prix des gages des Domestiques,
» & ceux de la main d'œuvre des
» Artisans & Ouvriers ; & si ceux
» qui donneront du travail à faire
» à de pauvres gens, se trouvent
» obligés à leur accorder une aug-
» mentation de salaire pour leur
» ouvrage, il sera nécessaire qu'ils
» augmentent d'autant le prix des
» marchandises qu'ils leur auront
» fait fabriquer, sans quoi ils ne

» sçauroient eux - mêmes vivre
» dessus ; ce qui montre évidem-
» ment que tous nos trafics por-
» tent mutuellement les uns sur les
» autres, & que le tout est encore
» d'une conséquence bien plus
» pernicieuse, eu égard au Com-
» merce étranger ; puisque ce sont
» les produits de nos terres, de
» notre industrie & de nos mains,
» qui constituent principalement
» la richesse de notre Nation.

Et il continue, page 3 1, en ces
termes : « Les mauvais effets de
» l'imposition de ces Droits en
» tems de paix, se feront sur-tout
» sentir à nos Manufactures en
» Laines. En effet plusieurs des
» étoffes que nous fabriquons ti-
» rent une plus grande portion de
» leur valeur, de la main d'œuvre
» des Fabriquans, que des maté-
» riaux qui y ont été employés ;
» & si le prix de la main d'œuvre
» est augmenté, les Commerçans

»en ces fortes de marchandifes
» fe verront bientôt dans l'obli-
» gation, ou bien d'en faire fabri-
» quer eux-mêmes de telles qu'ils
» pourront, ou bien d'en acheter
» de femblables, ou de deftinées
» aux mêmes ufages des Nations
» différentes de la nôtre, qui pour-
» ront les leur laiffer à meilleur
» compte qu'elle.

SECONDE CAUSE.

Les Monopoles qui oppriment parmi
nous le plus grand nombre, à
l'avantage feulement de quelques
Particuliers.

Outre les calamités que produifent parmi nous les impôts
qu'on nous fait payer, nous fouf-
frons encore beaucoup de divers
monopoles très-pernicieux à une
Nation Commerçante, & abfolument incompatibles avec une
Nation libre, qui néanmoins font
autorifés dans la nôtre, & qui y

favorisant la paresse, la mauvaise foi & les prétentions ridicules de salaires ou d'avantages exorbitans, y privent bien des Citoyens de leurs droits, sans qu'ils ayent rien fait par où ils ayent pu s'attirer un pareil traitement, & au profit seulement de quelques particuliers. Une Nation infectée de pareils abus ne sçauroit être en état d'envoyer ses marchandises aux marchés étrangers, à aussi bon compte que les autres Nations ses voisines ; & jamais en effet un Commerce où régnerent les monopoles ne s'étendit au même point qu'un Commerce libre; en sorte que toute Nation chez laquelle les monopoles sont fréquens, doit toujours décliner dans son Commerce.

§. I.

PREMIER MONOPOLE.

De ces monopoles établis en

Angleterre, & qui y font beaucoup plus nombreux qu'on ne le
croit d'ordinaire, le premier *eſt*
celui que l'Angleterre proprement
dite exerce ſur les autres Domaines
de la Grande-Bretagne.

Nous faiſons ſur nous-mêmes un
monopole dans le Commerce des
étoffes de Laine & de quelques autres effets, ainſi que dans des Commerces à quelques pays particuliers, accordés excluſivement
à des Compagnies ; mais par un
raffinement de ſageſſe, nous
payons en revanche ſeuls, toutes
les charges du gouvernement ;
& les Ecoſſois, les Irlandois & les
Colons de nos Plantations, quoique ſoumis à la même Domina-
tion que nous, ne contribuent en
effet à ces payemens, les premiers
que d'une bagatelle, & les derniers de rien du tout.

Les habitans de nos Colonies
en particulier trafiquent donc

sous la protection de flottes qui ne leur coutent pas un sol. Ils n'ont pas fourni une obole pour ces guerres de Terre que nous avons entreprises & soutenues avec une sagesse généreuse, dans la vue de maintenir la balance & les libertés de l'Europe, & aux risques de notre propre liberté ; & il sembleroit enfin que nous ne nous proposions à leur égard autre chose, que de les faire mourir de faim, sans qu'il leur en coûte rien, sauf à en mourir aussi nous-mêmes après eux ; car, pour le dire en deux mots, nous chassons une partie de nos compatriotes de notre Commerce, par les monopoles, & l'autre par les impôts : nous nous saignons jusqu'à défaillance, & nous pensons ensuite que nous pourrons recouvrer nos esprits, en dévorant quelques trois millions d'Irlandois ou d'Américains affamés ; & à force d'a-

dreſſe nous avançons à grands
pas vers notre ruine entière.

§ II.

SECOND MONOPOLE.

C'eſt celui qui réſulte des Chartes ou
privilèges exclufifs que nous
avons accordés à nos Compagnies
de Commerce, ſçavoir, à celle des
Indes, à celle de la mer du Sud,
& à celle de Turquie.

Ces Compagnies empêchent
en effet l'accroiſſement de la
vente des produits de nos Manufactures au-dehors, & elles af-
fament par conféquent nos pauvres, ſuivant qu'il paroîtra par
les raiſons qu'on va déduire.

1°. Comme elles ſont toutes
renfermées dans la ſeule ville de
Londres, les prix des marchandiſes de Laine qu'elles exportent
ſont toujours hauſſés par les longs
trajets par terre qu'il faut que ces
marchandiſes faſſent pour arri-

ver en ville ; à quoi se joignent
encore les droits de commission,
de magasin, de ports, &c. la
plûpart aussi très - préjudiciables
de la vente ; & d'un autre côté
les matériaux de Fabrique qu'elles importent, sont dispersés avec
des frais non moins gros, de transport ou d'autres especes, dans les
différens endroits du Royaume
où sont établies les Fabriques,
le tout au grand désavantage de
notre Nation en général.

2°. * La Compagnie de Turquie dont le Commerce est pres-
qu'entiérement tombé, n'a qu'à
se dispenser de dépêcher aucun
navire pendant toute une année,
& elle fera par-là, quand elle

---

* Cet inconvénient ne subsiste plus depuis 1753, que le Parlement a permis à toute
la Nation Angloise de faire le Commerce de
Turquie, en partant de tous les Ports d'Angleterre, indifféremment & moyennant 20 livres
sterling que chacun donneroit à la Compagnie.

voudra,

voudra, hauffer chez nous, à fon avantage, le prix de la Soye; peu inquiette que la Nation y perde, & la vente, & la confom- mation d'une année entiére de fes marchandifes de laine : c'eft, dit- on, ce qui lui eft arrivé autrefois. Et qui ne voit que lorfqu'elle aura hauffé par des moyens fi iniques le prix de la foye, nous ne pour- rons faire aller nos marchandifes de cette efpece avec autant d'a- vantage que nos voifins feront aller les leurs? Or, on prie ici le Lecteur de confidérer mûrement à quelle jolie fituation nos pau- vres Ouvriers employés dans nos Manufactures en Soye & en Lai- ne, fe trouveroient réduits dans des tems fi critiques.

3°. Ce n'eft point l'intérêt de notre Compagnie des Indes de groffir les quantités de marchan- difes de Laines qu'elle exporte,

mais bien plutôt de n'en prendre
à bord de ses vaisseaux que peu :
(& j'imagine que ce doit avoir
été là le motif de l'obligation que
le gouvernement lui a imposée
dans sa Charte d'établissement ;
d'exporter tous les ans, jusqu'à
une certaine valeur, de ces sortes
de marchandises. En effet, il est
de régle dans toutes les Foires ou
Marchés où on demande d'une
certaine espece de marchandise,
que la petitesse de la quantité
qu'on en met en vente, en rehausse toujours le prix ; & si la
Compagnie peut en cette sorte
gagner autant sur la vente de
cinq mille piéces de draps, que
sur celle de dix mille, son intérêt sera sans doute de préférer de
ne faire l'exportation, que de la
moindre quantité sur laquelle elle
aura évidemment moins de dé-
boursés à faire, & moins de ris-

ques à courir. Il eſt clair cependant que la Nation perdra à ce
manége le débit de la moitié des
produits des Manufactures de
Laine qu'elle auroit pu vendre;
au lieu que des Négocians particuliers s'empreſſant, à l'envi les
uns des autres, de vendre leurs
marchandiſes , les donneroient
à un prix d'autant plus bas, &
en débiteroient en conféquence
une quantité proportionnée tout-
à-la-fois à leur intérêt propre, &
à celui de la patrie.

4°. Les appointemens que les
Compagnies des Indes & de la
mer du Sud ſont obligées de donner à des Directeurs, à des Gouverneurs, à des Ecrivains, &c.
joint à ce qui peut couler quelquefois entre les doigts de tous
ces Meſſieurs , les jettent d'ailleurs dans de ſi grandes dépenſes,
qu'il arrive néceſſairement de-là

qu'elles négligent toutes les especes de Commerce qui ne peuvent leur porter des profits très-
grands, & capables de les dé-
frayer ; & des Marchands particuliers s'en feroient au contraire
une fête, & en sçauroient tirer
bon parti, soit pour leur avantage
propre, soit pour celui de la Nation, s'ils n'en étoient pas exclus
par la Charte de priviléges de ces
Compagnies.

5°. Les Compagnies des Indes
& de la mer du Sud achettant en
Angleterre par leurs Directeurs,
& vendant au-dehors par leurs
Commis, qui, les uns & les autres ne peuvent manquer d'écou-
ter un peu leurs intérêts propres
& ceux de leurs amis, & tout
cela se faisant avec les fonds de
la Compagnie. On ne sçauroit
supposer que les Directeurs & les
Commis y mettent le même soin

qu'y apporteroient des Négocians qui commerceroient fur leurs propres fonds; les Compagnies ne porteront par conféquent jamais auffi loin leur Commerce, que feroient des Négocians particuliers, & elles ne fçauroient au contraire manquer de tomber, au moins dans les endroits où les interlopes pourront pénétrer : chofe dont notre Compagnie d'Afrique nous offre un exemple remarquable. Le privilége de cette Compagnie eft révoqué depuis la derniere paix; le Commerce de l'Afrique a été alors rendu entiérement libre, & le Gouvernement s'eft chargé de l'entretien des Ports.

Ce qui confirme fur-tout ce que nous venons de dire, c'eft la défenfe que la Compagnie des Indes fait à fes Facteurs & Employés, d'exporter aucun drap en

contrebande, dans le même tems
où nos Ouvriers en laine mou-
roient de faim.

On ne sçauroit faire des re-
cherches sur la conduite de nos
Compagnies dans les premiers
tems de leur établissement, sans
rencontrer à chaque pas des ves-
tiges de leur mauvaise foi ; & on
a eu assez de soin d'instruire là-
dessus le public, pour que presque personne n'en ignore. Je dois
donc me contenter d'en avoir
fait ici uniquement la remarque,
ou tout au plus, d'y faire avec
cela simplement mention du projet fatal de la mer du Sud qui
ruina des milliers de familles. A
quoi bon en effet y parlerois-je
des salaires que les anciens Directeurs n'eurent pas honte de recevoir, laquelle seroit absolument
inutile, si la Compagnie qui ne
manque pas d'argent pour se fournir de tout le drap sur lequel elle

peut faire le profit qu'elle a coutume d'exiger, n'avoit prévu que
ses Facteurs & Employés pourroient vendre à plus bas prix
qu'elle.

On fit dans l'un de nos Ports
en 1741, c'est-à-dire, en un
tems où la décadence du Commerce de quelques-unes de nos
villes de Fabrique en marchandises de laines, y avoit porté la
taxe pour les pauvres à huit schellings par livre, une saisie d'une
grande quantité de draps desti-
nés pour l'Inde, & appartenans
à un des facteurs de la Compagnie; d'où s'ensuivit cet absurde
événement, que l'exportation
des draps se trouva être chez
nous un Commerce de contrebande des Compagnies, contre
toutes les loix, dans le même tems
où ils étoient personnellement
intéressés dans le Commerce de la

Compagnie d'Ostende aux Indes : manœuvre indigne par laquelle ils coupoient la gorge à leurs bienfaiteurs. Des ventes qu'ils faisoient sous de fausses montres ou échantillons, d'effets qu'ils rachetoient ensuite eux-mêmes pour leur propre compte ; du Commerce particulier qu'ils se permirent de faire contre le traité, & de la maniere dont ils corrompoient d'autres Officiers de la Compagnie même, pour les engager à fermer les yeux là-dessus, & dont ils porterent ensuite en compte les sommes qu'ils avoient employées à une manœuvre si odieuse sous le joli nom de présent ; exposant ainsi les effets de la Compagnie à des saisies, & leur Nation à des débats sans fin ; de la rapidité avec laquelle leurs gouverneurs au - dehors enlevoient toutes les marchandises, même les plus nécessaires à la vie,

& y mettant enfuite des prix arbitraires, opprimoient ainfi le peuple & attiroient à eux feuls tout le Commerce ; des fourberies de leurs fubrecargues dans de fauffes factures ; enfin, de l'abandon ou de la perte des navires de la part de leurs capitaines, dans la vue de frauder les Affureurs ou les Prêteurs à la groffe avanture ; à quoi bon, dis-je, parlerois je de tout cela ? & ne font-ce pas-là autant de chofes écrites & détaillées dans leurs propres annales ?

Mais le pire de tout, c'eft que l'honnêteté du peuple a fouffert du fpectacle fcandaleux qui n'a été que trop fouvent préfenté à fes yeux : friponnerie à peine punie, finon triomphante.

Ces Compagnies empêchent l'accroiffement de notre navigation.

H v

Et cela, par leurs priviléges ex-
clusifs qui nous privent d'un
Commerce libre dans les trois
quarts du monde connu. Les domaines du Grand Seigneur, en
Europe, en Asie & en Afrique
ont été accordés à la Compagnie
de Turquie. Toute l'Amérique
méridionale, & une partie de la
Septentrionale, ces grandes éten-
dues de côtes qui vont depuis la
Vera-Crux jusqu'à Carthagene,
& depuis Buonos Ayres, en tour-
nant autour du Cap Horn jusqu'à la Californie, tout cela est
tombé en partage à la Compagnie du Sud; enfin, toutes les
côtes d'Afrique & d'Asie, depuis
le Cap de Bonne Espérance jusqu'au Japon, sont le lot de la
Compagnie des Indes; & combien peu nombreux néanmoins
ne sont pas les Ports où ces Compagnies trafiquent? & quelle pauvre navigation y ont-elles? Il y a

certainement plus de navires employés dans le Commerce du seul port franc de Livourne, qu'elles n'en occupent à leurs monopoles dans les trois quarts du monde entier ; & elles ressemblent au chien de la fable, qui ne mange point, mais qui se contente d'empêcher que les autres chiens ne mangent.

§ I.

TROISIEME MONOPOLE.
Il est la suite des Chartes des Villes & des Communautés.

LORSQUE des bourgeois d'une ville excluent par des Chartes d'autres gens faisant le même Commerce qu'eux, de s'établir dans leurs villes, n'est-ce pas-là un monopole que ces bourgeois exercent sur tout le reste de leur Nation ? ne font-ils pas dès-lors les maîtres de mettre à leurs marchandises des prix exorbitants, & ne le font-ils pas en effet ?

Et lorsqu'il n'y a que les seuls ouvriers d'une ville qui puissent travailler à la journée dans cette ville, ces mêmes ouvriers ne sont-ils pas encore dès-lors en état de rançonner leurs maîtres, pour en tirer le salaire qu'ils veulent, & de faire ainsi sur eux un nouveau monopole ? tout cela ne concourt-il pas à enchérir le premier coût de nos marchandises ? & n'est-ce pas-là ce qui fait que les Etrangers trouvent que la vie est si chere chez nous ?

Qu'un ouvrier qui ne sera pas d'une ville ou d'une Communauté, vienne à se procurer quelque ouvrage dans cette ville ou Communauté, quel bruit ne fera-t-on pas incontinent au sujet de cet Etranger, qui viendra, dira-t-on, s'établir dans le lieu

& tirer aux habitants le pain de la bouche ? Comment donc ? un Anglois né libre peut-il être regardé comme Etranger dans aucun lieu du Domaine de sa Nation ? Quelle absurdité n'eſt-ce pas-là ? & néanmoins rien n'eſt plus vrai dans le fait. Un homme d'ailleurs peut-il être dit tirer le pain de la bouche d'un autre, qu'autant qu'il seroit plus induſtrieux que lui ? la choſe eſt impoſſible : il n'eſt donc ici queſtion que de pareſſe, & non de pain.

C'eſt-là une des raiſons pourquoi les Etrangers ſe tranſportent en troupe à nos Plantations, au lieu de s'établir parmi nous, & que dans la décadence où ſe trouve notre Commerce, il paſſe auſſi tous les ans là bas un grand nombre de nos compatriotes. Il y va donc beaucoup de notre monde, & il en revient peu ; d'où il s'enſuivra à la longue chez nous, une disette générale d'hommes, au grand dommage de la patrie, notre mere commune.

M. Flattan, dans son excellente *Relation de la Suisse*, p. 140. observe que « les bourgeois Com-
» merçants de Berne passent, en
» général, pour être orgueilleux
» & paresseux, & que ces quali-
» tés leur viennent, principale-
» ment de deux priviléges dont
» ils jouissent ; que le premier qui
» est la source de leur orgueil,
» c'est le droit que le titre de bour-
» geois leur donne de pouvoir
» être choisis pour le gouverne-
» ment de leur canton ; que le se-
» cond qui les rend fainéants,
» c'est la possession où ils sont
» d'empêcher tout homme qui
» n'est pas de leur ville, d'y exer-
» cer aucun Commerce ; & qu'en
» effet il en résulte nécessaire-
» ment deux inconvénients ; l'un,

» que les habitants du canton y
» achettent très-cher les denrées
» & marchandiſes dont ils font
» uſage, & l'autre, que les ou-
» vriers y font tous mauvais ; car,
» (ajoûte-t-il), où il n'y a point
» de choix à faire entre les arti-
» ſans ou ouvriers, il faut non-
» ſeulement ſe contenter de mau-
» vais ouvrage, mais encore le
» payer le prix que l'artiſan ou
» l'ouvrier veut y mettre. »

Remarquez donc ici les beaux effets des Chartes qui autoriſent les monopoles : ce font l'orgueil, la pareſſe, la chereté des marchandiſes, & la mauvaiſe beſogne.

§. IV.

QUATRIEME MONOPOLE.

Il conſiſte dans celle de nos Loix qui défendent l'importation en Angleterre du Bétail, du Beurre, &c. d'Irlande.

CES Loix mettent en effet un

petit nombre de nos provinces qui élévent des bestiaux, à portée d'exercer un monopole* sur les autres, à l'égard du prix du Bétail, &c. Elles enchérissent donc ainsi, à la ruine de nos Manufactures, la vie de l'ouvrier & le salaire qu'il faut lui donner ; elles sont aussi par-là très-préjudiciables à notre navigation, puisque tout ce qui enchérit la dépense d'un navire, renchérit aussi son fret ; & elles offrent enfin en cette sorte aux Etrangers les moyens de s'avitailler en Irlande, à meilleur compte que nous ne faisons ici.

Mais on m'objectera, peut-être, que tout cela ne se fait que pour rehausser ou soutenir la valeur de nos terres.

A quoi je réponds qu'on fait toujours ici grand bruit de cette méthode de favoriser la consommation des denrées & marchandises du pays, laquelle se réduit en somme à y porter à un haut prix les denrées nécessaires à la vie, mais qu'une pareille préten-tion ne sçauroit pourtant avoir sa source que dans une fausse no-tion de la nature du Commerce, & que bien-loin que ce soit-là une chose avantageuse à la na-tion, c'en est une au contraire qui lui est très-préjudiciable: moins en effet on consomme de marchandises dans un pays, plus il y en reste pour l'exportation; d'ailleurs les marchandises y sont à meilleur marché, & ce n'est enfin que la seule exportation qui enrichit les nations.

Ce monopole est outre cela in-juste, eu égard au peuple qui le supporte, & le propriétaire des terres n'en retire néanmoins qu'un profit imaginaire. Pierre aura, par exemple, un bien en engrais dont on prétendra augmenter la

valeur, en défendant les bœufs
d'Irlande. Pierre qui deviendra
par-là le maître du marché de
bœufs, haussera le prix de son
bétail sur tous ses voisins, Jean,
Jacques, Joseph, &c. jusqu'à Paul
qui se présenteront tous pour en
acheter : il faudra donc que les
poches de tous ceux-ci se vuident
pour remplir celles de celui-là ;
projet en vérité bien équitable !
Mais quand même tous ces derniers seroient aussi aveugles que
des chouettes, la nécessité & le
train naturel des choses les obli-
geroient cependant tôt ou tard
à prendre leur revanche. Car de
même que le monopole aura
haussé le prix du bétail, de même
aussi la cherté du bétail haussera
le prix de la main d'œuvre : la
main d'œuvre renchérie, renché-
rira les marchandises ; & il faudra
ainsi au bout du compte, que

Pierre paye plus cher tout ce dont il aura befoin, nourriture, habillemens, uftenfiles, travail d'autrui, &c.

On donne à tout des valeurs imaginaires ; & de-là il arrivera que s'il eft vrai de dire que Pierre puiffe avoir pour un tems plus de revenu qu'il n'en aura eu antérieurement (ce que le déclin du commerce étranger pourra néanmoins faire changer enfuite) l'argent qu'il recevra fera auffi d'une moindre valeur qu'auparavant, puifqu'il ne pourra plus fe procurer avec cette même quantité d'argent les mêmes chofes qu'elle lui auroit données, lorfque les marchandifes auront été à leur prix naturel. Ce qu'il aura donc cru avoir faifi d'une main, il fe le fera laiffé échapper de l'autre ; & tout cela n'aura été qu'une illufion optique : ou pour mieux

dire, nos compatriotes se seront
pris les uns & les autres aux che-
veux, & auront fait de leur mieux
pour se piller les uns les autres,
tandis que les Etrangers leur auront réellement tiré à tous le
pain de la bouche.

Une nation qui hausse par des
monopoles ses denrées & marchandises à un prix artificiel, ne
sçauroit en effet en importer dans
les ports étrangers, où elle devra
trouver pour rivales d'autres nations qui de leur côté y en auront importé au prix naturel une
aussi grande quantité qu'elle y en
auroit importé sans cela ; & le
commerce étranger faisant ainsi
rentrer moins d'argent dans la
nation, le prix de la consommation même du pays baissera aussi
en conséquence. Cette épée à
deux tranchans n'est donc autre
chose qu'un vrai monopole sur

les terres ; & toutes les denrées
& marchandifes du pays doivent
au contraire avoir dans tout commerce libre leurs valeurs natu-
relles. Car quoique ces valeurs
puiffent y flotter, pour ainfi dire,
un peu, fuivant l'abondance ou
la rareté des denrées en différens
tems, & que la chofe foit même
néceffaire, cependant toute marchandife du pays doit auffi avoir
dans la confommation du pays
même l'avantage fur les étrangeres, attendu qu'on l'a fur les
lieux, & franche de fret, ainfi
que des frais d'affurance, de com-
miffion & de toute autre efpece;
ce qui, en total, & particuliérement fur les productions de la
terre, qui font des marchandifes
de gros volume, doit aller à près
de 15 pour ÷, & ne fçauroit non
plus fe monter beaucoup plus
haut fans perte pour la nation ;

puisque 1 5 pour ÷ font une grande différence dans le prix des choses nécessaires à la vie, entre la nation qui vend & celle qui achete, & que c'est-là par conséquent une charge bien pesante pour la derniere, mais qui naît du cours naturel des choses, & qui est ainsi sans reméde.

Cet avantage de 1 5 pour ÷ donne au reste à nos propriétaires de terres l'assurance que les Etrangers ne nous importeront jamais plus de denrées & marchandises nécessaires à la vie, que nous n'en aurons absolument besoin. Car il faut croire qu'ils auront assez de charité pour ne point prétendre mettre les gens à la mendicité par l'appas d'un profit purement imaginaire, & qui même à la fin tourneroit à leur ruine.

C'est donc une erreur & une absurdité que de penser à haus-

ser ou soutenir la valeur des ter_
res par des oppressions sur le peuple, qui gêneroient le commerce;
car une fois que le commerce
déclinera, il faudra dès-lors, ou
bien que le bas peuple ait recours
à la charité des Paroisses, ou
bien qu'il passe à l'Etranger pour
y trouver de l'emploi : dans le
premier cas, il deviendra une taxe
pesante pour les riches, qui au
lieu de lui vendre désormais leurs
denrées, seront obligés à les lui
donner pour rien; & dans le second, les consommateurs dispa-
roissant peu-à-peu, quel prix pen-
se-t on que pourront avoir les
denrées ? Du peu de consommation s'ensuit le peu de demande,
& du peu de demande le bas
prix : lors donc qu'on exaltera
dans une conversation la sagesse
de nos réglemens de commerce
en ce qu'ils défendent l'importa-

tion du bétail d'Irlande ou de tout bled étranger ; à moins que ces différentes chofes ne foient montées à un prix immodéré, (le tout, comme propre à foutenir la valeur de nos terres) un Hollandois ou un François qui entendront ces propos, n'auront-ils pas envie d'en rire, faifant réflexion qu'étant maîtres, quant à eux, de tirer leurs provifions des endroits où elles font à meilleur compte, ils peuvent par-là vivre & travailler à plus bas prix que nous ; travailler dès-lors davantage que nous, & nous enlever ainfi notre commerce, notre argent & nos ouvriers ; après quoi autant vaudra-t-il que nous leur abandonnions encore par-deffus le marché notre propre terre, dont auffi-bien la valeur n'eft à préfent que nominale, fuivant qu'on va le prouver.

On

On ne me reprochera pas de mettre les choses trop bas, si j'estime le revenu total des terres de l'Angleterre à (*a*) . . . . . . 20, 000, 000   l. sterl.

___

(*a*) C'est-là au contraire mettre les choses trop haut d'environ le double.

En effet, 1°. on a dit page. . . . . . que la taxe sur les terres à raison de 4 s. pour liv. ou d'un 5ᵉ rapportoit 1, 960, 000 liv. sterlings ; ensorte que sur ce pied la totalité du revenu des terres ne devroit aller qu'à 9, 800, 000 liv. & si on allegue qu'il est quelque portion du revenu des terres sur lesquelles ne s'étend pas l'impôt de 4 s. pour liv. sur les mêmes terres ; je répondrai que la levée sur les autres portion de ce revenu incomparablement au-dessus de celle-là , doit aussi très-vraisemblablement aller souvent à plus de 4 s. pour liv. & qu'en conséquence on ne sçauroit guerres compter le revenu total des terres de l'Angleterre qu'à 10, 000, 000 liv. sterlings.

Tome I.   I.

D'autre part.... 20 , 000, 000 l. sterl.

Que si la chose paroît surprenante , je la
confirmerai par des calculs relatifs à la France,
qui s'éloigneront à la vérité de beaucoup, des
résultats de bien d'autres qui ont été faits jusqu'ici, mais que je me flatte qu'on trouvera,
après un mur examen, beaucoup plus exacts
que ceux-ci.

Je crois d'abord m'être apperçu que dans
des pays de Taille réelle , dont le terrein est
moyen entre les meilleurs & les moins bons
de la France, le produit des terres se distribue,
l'un portant l'autre de la maniere suivante.

Beaucoup plus d'un 6ᵉ pour remettre en
semence dans la terre.

Plus d'un 6ᵉ pour le Propriétaire , & plus
ou moins au dessus ou au-dessous de cela , &
pour cet article selon que la terre est meilleure
ou moins bonne.

Près d'un 6ᵉ pour la Taille & la Dixme
réunies ensemble ; sçavoir un peu plus pour
le premier article , & un peu moins pour le
second , & fort près du sixiéme en y joignant
les redevances de la terre.

Plus d'un 6ᵉ pour les Métayers & Bergers.

Près d'un 6ᵉ pour l'homme d'Affaires , les
Valets autres que Métayers & Bergers , les
gens de journée hors le temps de la récolte,
& la nourriture des Bestiaux servant à l'exploitation.

Et près d'un 6ᵉ pour les frais particuliers de
la récolte, qui, à la vérité, sont dans les pays

D'autre part.... 20, 000, 000 l. sterl.

que j'ai ici principalement en vue, plus gros qu'ailleurs.

Et comme la portion qu'on remet dans la terre n'entre point dans le revenu, il faut compter que la Taille réelle & la Dixme emportent chacune environ un 10e du revenu net de la terre ; d'où il s'enfuit qu'une fois qu'on aura approché des valeurs des produits de chacune de ces deux choses, il suffira de les décupler pour parvenir à peu près à la valeur du revenu des terres, & l'on aura même l'avantage que l'un des calculs servira de preuve à l'autre.

Or j'ai lieu de croire, soit d'après le *Livre* intitulé *Essai sur les Monoyes*, soit d'après des informations que j'ai prises, que les Tailles de tout le royaume, non compris la Capitation, vont en compte rond à environ 50, 000, 000 liv. de sorte qu'en supposant qu'on ait conservé une proportion entre la Taille réelle & la Taille personnelle, le revenu total des terres du royaume ne devra aller qu'à 500, 000, 000, attendu sur-tout que la Taille s'étend non - seulement sur les terres, mais sur les maisons, &c.

D'un autre côté la Taxe des Ecclésiastiques pensionnaires sur les Bénéfices, lesquels semblent en général être en France les Ecclésiastiques les moins ménagés dans les impositions, étant réglée à un quart du revenu ; celle des Curés à pension congrue, les Ec-

D'autre part.... 20,000, 000 l. ſterl.

___

cléſiaſtiques les plus ménagés de tous, l'ayant
été juſqu'ici à un 8ᵉ, & celle des autres Eccléſiaſtiques s'approchant en général davantage du taux de la portion ménagée, que du
taux de la portion ſurchargée, on peut en
général eſtimer la levée annuelle du Clergé
de France ſur ſes membres à un 7ᵉ de ſon revenu.

Et en ſuppoſant en compte rond qu'elle ait
dans ces derniers temps paſſé 10, 000, 000 liv.
mais qu'elle n'ait pas été non plus beaucoup
au-delà, ce que je ne crois pas fort éloigné
du vrai, ce ſera à 70, ou 75, 000, 000 liv.
qu'il faudra eſtimer le revenu total du Clergé
de France,

On trouvera d'ailleurs les mêmes réſultats
de calcul.

1°. En eſtimant les 40, 000, Cures qu'il
y a à peu près dans le royaume, ſur le pied
de 500 liv. de revenu chacune, les fortes compenſant les foibles, ce qui fera 20, 000,
000 liv. & les 123 Evêchés qui s'y trouvent
auſſi, à un peu moins de 40, 000 liv. chacun
l'un portant l'autre, ce qui fera en compte
rond 5, 000, 000 liv. & avec les Cures 25,
000, 000 liv. & en joignant à cela cette réflexion, que les revenus de l'Evêché & des
Cures, font en général dans chaque Diocèſe
plus d'un tiers du revenu du Diocèſe.

2°. En remarquant que malgré ce qu'on a
dit tant de fois que le nombre des Eccléſiaſ-

D'autre part.... 20 , 000 , 000 l. ſterl.

---

tiques des deux ſexes du royaume , alloit à
plus de 300, 000, & même à 500, 000, &
l'exceſſive richeſſe qu'on leur donne d'ordinaire , on peut eſtimer que les Curés des Dio-
cèſes ſont à peu près le tiers des Eccléſiaſtiques réguliers & ſéculiers de chaque Diocèſe,
ce qui ne ſuppoſera dans le royaume que 120,
000 Eccléſiaſtiques ; & ajouter à cela le quart
de ce nombre de Religieuſes , par où on aura
en compte rond 150, 000 Eccléſiaſtiques des
deux ſexes ; & eu égard au grand nombre
d'Etudians & Séminariſtes, Chapellains, Vi-
caires , Prébendés , & Curés à penſion congrue ; Moines Mandians & autres , & pauvres
Religieuſes qui n'ont que fort peu de bien ;
ne porter l'un compenſant l'autre , le revenu
de chacun qu'à 500 liv. au plus.

Or ſuppoſant encore , comme la choſe paroît plauſible , que les Dixmes ne faſſent que
les deux tiers au plus du revenu Eccléſiaſtique,
la Dixme du royaume ira ainſi à 50, 000,
000 liv. & en la décuplant , on aura de nouveau pour le revenu total des terres du royaume 500, 000, 000 liv. & il ſemblera au
moins qu'on ne pourra jamais faire monter ce
même revenu juſqu'à 600, 000, 000 liv.

De plus le Dixiéme impoſé en temps de
guerre , & qui a porté juſqu'ici ſur toutes les
parties du revenu des terres du royaume , à
l'exception de celle que le roi en leve , & de
celle qui appartient au Clergé , & s'eſt même

D'autre part.... 20, 000, 000 l. sterl.

étendu outre cela sur l'industrie des Villes,
n'a jamais été à 40, 000, 000 liv. ensorte
que la portion du revenu des terres du royaume qui n'est point comptée au roi, & qui n'appartient point aux Ecclésiastiques, c'est-à-dire
près des quatre 5ᵉ du revenu des terres du
royaume, n'iroit pas à 400, 000, 000 liv.
& qu'ainsi le revenu total des terres ne devroit
pas aller à 500, 000, 000 liv. & ne sçauroit
au moins s'élever jusqu'à 600, 000, 000 liv.

Et si l'on m'objecte que l'Auteur sur *la Police générale des Grains, sur leurs prix, &c.*
fait monter dans l'article de son livre, qui a
pour titre *Calculs*, le revenu des seuls grains
du royaume à 5, 250, 000 Muids de Froment au moins, ce qui, à raison d'environ
15 liv. le Septier de Paris, ou de 180 liv. le
Muid de Paris, prix qui seroit très-modique à
Paris, quoiqu'il fût un peu fort dans bien des
provinces, seroit en compte rond plus d'un
milliard pour les seuls grains, & qu'estimant
le reste des fruits des terres à proportion, la
totalité de leur revenu devroit aller à plus du
double de ce à quoi je la fais monter ; je répondrai que bien que faisant beaucoup de cas
de cet ouvrage, & principalement de la portion qui se rapporte à la police des grains, je
crois néanmoins que l'auteur, pour qui j'ai
d'ailleurs des sentimens d'une véritable estime,
peut s'être mépris dans ce qu'il dit en cet
endroit.

D'autre part.... 20,000,000 l. ſterl

En effet il commence par ſuppoſer d'après
M. de Vauban, que la France contient, 30,
000 lieues quarrées, non compris la Lorraine ;
au lieu qu'en regardant, ſuivant qu'on doit le
faire, le royaume comme renfermé entre les
43 & 5 dégrés un tiers de latitude ſeptentrio-
nale, & entre le 4e dégré de longitude occi-
dentale & le 4e un tiers de longitude orientale,
à compter de Paris, ce qui lui donnera 7 dé-
grés un tiers de latitude ſur 8 un tiers de longitude les excès compenſant les défauts, & faiſant
attention que ſon dégré moyen de longitude,
qui tombe vers le 47 de latitude ne ſçauroit
être au plus que de 17 lieues ; on aura pour
en découvrir la grandeur, & en y comprenant
même la Lorraine, 183 des lieues dont il parle
à multiplier par 141 au plus, ce qui donnera
moins que 25803 lieues quarrées, ou en compte rond plus de 25000 lieues querrées, & in-
diquera d'abord une réduction dans le rapport
d'environ 6 à 5, à faire aux réſultats de ſes
calculs.

Il ſuppoſe encore, & en allant même ici
au rabais de M. de Vauban, que ſur 4688
arpens (il falloit dire 4686) que contient la
lieue quarrée dont il parle ; il y en a environ
la moitié de labouré. Or il ſemble qu'il faut
au lieu de cela faire attention que la France
eſt compoſée de chaînes de montagnes, dont
les unes partent des Alpes, & ſemblent s'étendre depuis les confins de la Franche-Comté,

D'autre part.... 20,000,000 l. sterl.

de la Lorraine & de la Bourgone, jusqu'entre l'Oise & la Somme d'une part, & d'autre part à Calais, & depuis le même point jusqu'à Brest; depuis Grex, à Clermont en Auvergne, entre Angoulême & Périgueux, & jusqu'à Rochefort; depuis S. Jean de Maurienne, en Dauphiné, en Vivarais, en Gévaudan, en Quercy, & jusqu'auprès de Bordeaux, & depuis Glandeves, jusqu'aux Cevennes, & de-là dans l'Auvergne, le Limosin, & jusqu'au couchant de Nantes; dont d'autres, suivant la direction des Alpes, remontent vers le Nord, ou bien dans la Provence, le Dauphiné, le Bugey, la Franche-Comté & la Lorraine, ou bien dans le Vivarais, le Forêt, le Beaujolois, la Bourgogne, jusques vers Sédan; dont d'autres encore partent des Pyrénées, & se prolongent en suivant la même direction que les précédentes, ou bien dans le Roussillon, & soit par la montagne noire du Languedoc & les Cevennes jusqu'au Vivarais, soit par une autre branche en Quercy, en Auvergne, en Limosin, & de-là beaucoup plus haut encore; ou bien le long de la rive gauche de la Garogne, dans l'Armagnac, l'Agenois, le Périgord, le Poitou, &c. ou bien le long de la rive droite du Gave, au pied du Pic de midi, & puis par la Gascogne, la Guyenne, la Saintonge, le Poitou, la Gatine, la Bretagne & la Normandie, jusqu'à Cherbourg: 2°. qu'il se détache conti-

D'autre part.... 20,000,000 l. fterl^I.

nuellement à droite & à gauche de ces chaînes, des côtes ou arrêtes qui s'étendent jufqu'à
près du milieu de la diftance de deux chaînes
paralleles entr'elles & voifines, avec plus ou
moins de régularité : 3°. que les fommités de
ces chaînes & côtes ou arrêtes font abfolument
incultes, ou ne portent tout au plus que des
Châtaignes ; que beaucoup de leurs plaines
hautes font ou remplies en partie par des Lacs,
ou plantées encore uniquement en Châtai-
gniers, ou couvertes d'autres bois : que les
parties fupérieures de leurs croupes ne com-
prennent guerres que des Pacages ou Prairies
hautes, des vignobles, des plans de Châtai-
gniers, & quelques bois d'autre efpéce, avec
tout au plus quelques terres à Seigle ou à Avoine ; & que les inférieures contiennent de leur
côté beaucoup de Land s ou Brandes, de Pa-
turages, Prairies & Marécages, & même de
bois ; outre les Villes, Bourgs, Villages &
autres Bâtimens, les Parcs & Jardins, les
grands Chemins & les Rivieres, Etangs cu
Marais répandus dans la totalité; & qu'au refte
ce même pays ne fait à cet égard que reffem-
bler du plus au moins aux pays voifins. Il fera
enfuite aifé de conclure de tout cela qu'il n'eft
pas poffible qu'il y ait, à beaucoup près,
dans la totalité du royaume, la moitié des
terres de labourées, & qu'encore dans la portion labourée moindre que moitié, y en a-t-il
un bon tiers qui ne peut jamais porter que du

I v

D'autre part.... 20, 000, 000 l. sterl.

Seigle ou de l'Avoine, enforte que cette feconde erreur qui provient fans doute de ce
qu'on a pris mal à propos des terres médiocres
de Normandie, de Bauce, de Picardie, de
Flandre, & des environs de Paris, pour
moyennes en valeur entre la totalité des terres
du royaume, occafionnera une feconde réduction beaucoup plus forte que la précédente,
& par conféquent dans le rapport au moins
de 4 à 3, à faire aux réfultats des calculs de
l'auteur.

Et toute perfonne à qui diverfes de nos provinces auront été tout à la fois bien connues,
conviendra qu'il y a auffi erreur, foit à fuppofer que les terres moyennes du royaume rapportent en Froment jufqu'à 4 & demi, foit ce
qu'on y feme, foit à admettre qu'on jette généralement dans ces terres jufqu'à deux tiers
de feptier de Bled de femence par arpent; &
en faifant, à raifon de cette double erreur,
provenant vraifemblablement de la même
caufe que la précédente, une réduction ulté-
rieure, moyenne entre les deux précédentes,
ou dans le rapport de 5 à 4, la fomme des
trois réductions dans les rapports de 6 à 5, de
4 à 3, & de 5 à 4, dont chacune en particulier paroît même trop foible, en fera une totale dans le rapport de 6 à 3, ou de 2 à 1,
c'eft-à-dire de moitié, qu'il faudra encore regarder comme de beaucoup trop foible; enforte que le revenu en Grains du royaum

D'autre part.... 20 , 000 , 000 l. fterl.

_____

devra être cenfé fort inférieur à la valeur de
500 , 000 , 000 de nos livres ; qu'on pourra
en compte rond eftimer ce même revenu en
Grains à 400 , 000 , 000 , de nos livres ; &
qu'admettant de plus que le refte des revenus
du royaume foit à peu près le quart de fon
revenu en Grain , on reviendra aux 500 ,
000 , 000 liv. trouvées ci-deffus , pour le revenu total du royaume.

On peut d'ailleurs fuppofer que les 20 ,
000 , 000 de perfonnes que nous avons ci-
deffus comptées au plus dans le royaume ,
& parmi lefquelles un grand nombre vit principalement de Châtaignes & de Lait , con-
fomment chaque jour , l'une compenfant
l'autre , une livre & demie de pain , ce qui
fera en fomme pour la confommation totale
& de chaque jour du royaume , 30 , 000 ,
000 livres de pain , lefquelles je croirois pouvoir fe faire avec environ 4000 Muids de Seigle , environ 3000 Muids de Froment , & environ 2000 Muids de menus grains , & ajouter à
cela environ 2000 Muids d'Avoine par jour ,
pour la confommation des Beftiaux , ce qui ,
à un prix proportionné à celui de 180 liv. le
Muid , marqué ci-deffus pour le Froment , &
comme il a été dit , affez fort dans plufieurs
de nos provinces , ne fera guerres , en compte
rond , que pour la valeur de 1200 , 000 liv.
ou 1 , 300 , 000 liv. par jour , & moins de 450 ,
000 , 000 liv. par an de confommation en

I vj

D'autre part.... 20 , 000 , 000 l. sterl.

___

grains. Et comme on n'ignore pas qu'il nous
vient d'années à autres, d'assez grosses parties
de grains de l'étranger, & nommément de
Barbarie, de Pologne & d'Angleterre, au-
delà de ce que nous en envoyons au-dehors,
il s'ensuit encore de tout cela que notre revenu
en grains ne passe guerres 400 , 000, 000 liv.
& on en peut de nouveau conclure que le revenu total de nos terres peut en compte rond
être estimé à 500 , 000 , 000 liv. & ne sçauroit au moins être porté jusqu'à 600 , 000 ,
000 liv.

Enfin, suivant l'estimation du même auteur, la Taille ne se trouveroit réglée en
France qu'à raison d'un sol pour liv. au plus du
revenu des terres, & personne ne discon-
viendra qu'elle ne le soit en effet sur un pied
fort au-dessus de celui-là.

Que si l'on désiroit qu'à la suite de tous ces
calculs & à leur occasion, j'indiquasse à peu
près à quoi peuvent se monter les différentes
parties du revenu total du royaume, & ce revenu total lui-même.

Je dirois, 1°. qu'environ
quatre millions de
Paysans dont les chefs
au moins sont employés
ou au travail des terres,
ou à garder les Bestiaux
servant à l'exploitation
des terres, doivent vivre

D'autre part ... 20 , 000 , 000 l. ſterl.

à raiſon de 60 liv. par
tête de conſommation,
ſuivant qu'il a été dit
page 147 , de la moitié
des 500 , 000 , 000 liv.
ci-deſſus , provenant des
terres, ci ....   250 , 000 , 000 liv.

  2°. Que quatre autres
millions peuvent encore
être occupés à la campa-
gne par la garde des
Beſtiaux qu'on engraiſ-
ſe , par différens Arts &
Commerces ruſtiques ,
par quelques autres Arts
propres aux lieux , par
les Voitures & par la portion de travail qu'ils ti-
rent des Fabriques voiſi-
nes ; & qu'ils peuvent y
créer de valeur réelle
pour l'Etat, & y conſom-
mer enſuite ſur le même
pied................   250 , 000 , 000

  3°. Que les Proprié-
taires réſidens ſur leurs
biens, les Fermiers & les
familles, & domeſtiques
des uns & des autres ,
pouvant ſe monter en
nombre à près d'un mil-
lion, doivent vivre à   500 , 000 , 000

D'autre part.... 20 , 000 , 000 l. sterl.

D'autre part....... 500,000,000 liv.

peu près à raison de
100 liv. par tête, sur les
250, 000, 000 liv. re-
stans des revenus des ter-
res, & en consommer..... 100,000, 000 liv.

4°. Qu'on peut com-
pter dans les Fabriques
des Campagnes, & dans
les Bourgs & Villes 5 ,
000, 000 au moins de
têtes vivant du travail
des Fabriques & Métiers,
en y comprenant la pré-
paration tant des alimens
que des vêtemens, & ga-
gnant, par la valeur réelle qu'elles créent dans
l'état près du double de
pareil nombre de Pay-
sans, & en compte rond .. 600,000,000

5°. Que les Com-
merces des Bourgs, des
Villes, des Ports de Mer
& des Colonies, peu-
vent bien occuper trois
millions d'ames créant &
consommant de valeur
réelle à elles toutes.... 500,000,000

6°. Et que parmi les
trois millions de têtes
restant ; comprenant la 170,000,000

D'autre part.... 20, 000, 000 l. ſterl.

D'autre part........	170, 000, 000 liv.

Cour, les Eccléſiaſtiques, les Militaires, les Gens de Loi, les Profeſſions utiles à la ſanté, les Gens de Lettres, les Finan-ciers, les Gens de Plu-me, les Rentiers oiſifs, les Domeſtiques de tou-tes ces ſortes de perſon-nes, & les Mendians, il y en a une pertion qui reçoit de ſes Fermiers les 150 millions reſtans du revenu des terres, ci.... 150, 000, 000 liv.

7°. Une autre qui tire une valeur annuelle du loyer des produits an-ciens des Arts, comme de maiſons, de meubles & même de l'argent, ce que j'eſtime au plus à..... 150, 000, 000 liv.

8°. Et une derniere de ce qu'elle reçoit du Roi, de l'Etat, ou d'au-tres perſonnes, & qui a déja été employé par le compte de ceux-ci..... 20, 000, 000, 000

Total au plus.....

qui, comme on voit, ſe diſtribuent conformé-

D'autre part.... 20,000,000 l. sterl.

_____

ment à ce qui a été dit
ci-dessus , à raison d'environ 100 liv. par tête ,
aux 10 millions d'ames
qui peuvent composer
tout le royaume, & des-
quelles il en faudroit ,
suivant ce calcul, comp-
ter : 1°. de vivant à la
campagne............ 9,000,000

2°. A Paris en com-
pte rond , & suivant les
calculs ordinaires , près
de................ 1,000,000

3°. Dans une trentai-
ne de Villes capitales de
Provinces, Villes à Par-
lement , grandes Villes
de Commerce, ou au-
tres grandes Villes à raison de 100 , 000 au plus
dans chaque , & en total
près de............. 3,000,000

4°. Dans quelques 200
Villes médiocres , dont
près de 100 à Evéchés ,
à raison de 15 , 000 par
chaque au plus ; en total
près de............. 3,000,000

5°. Dans quelques 800
ou 1000 petites Villes ou
gros Bourgs , autant à   160,000,000

D'autre part.... 20, 000, 000 l. fterl.

D'autre part	16, 000, 000 liv.
peu près que dans l'article précédent, ou près de	00, 000 liv.
6°. De Troupes ou Navigateurs n'ayant point de demeure fixe, ou de gens Errans & Vagabons, plus de	000, 000
7°. Dans les Colonies, en compte rond moins de.	000, 000
Total près de........	20, 000, 000

Et revenant maintenant au produit des terres de l'Angleterre, j'obſerverai que ce pays n'étant qu'à peu près le tiers de la France, il devroit à proportion des réſultats des calculs précédens, & s'il n'étoit pas mieux cultivé que la France, ne rapporter que 165, 000, 000, &c. de notre monoye ; & qu'en admettant que la meilleure culture augmente ſon revenu de près de moitié en ſus, choſe qui ne s'éloigne pas en effet beaucoup du vrai, & doit former pour nous un grand ſujet d'émulation, il ne paſſera même alors de gueres 230, 000, 000 l. c'eſt-à dire 10, 000, 000 de livres ſterlings ; en ſorte qu'il doit maintenant être évident, ſuivant que je m'étois propoſé de le prouver, que l'auteur Anglois groſſit ici du double.

D'autre part.... 10, 000, 000 l. sterl.

Et les expor-
tations & le
frêt des Na-
vires à 8, 000, 000
J'ai d'ailleurs
fait voir, à la
page 141, que
les dépenses
de la totalité
de notre na-
tion alloient
à *(a)* . . . .   64 , 000 , 000
      Et que la

Mais je dois remarquer en même temps
que le second terme du rapport d'où le même
auteur déduira tout à l'heure que l'imposition
sur les terres est de plus de 13 s. pour liv. étant
aussi grossi au moins dans la même proportion,
la conclusion n'en sera pas pour cela moins
juste.

(*a*) Voyez ce que j'ai observé là-dessus &
sur ce qui suit : dans celles de mes Notes qui
se rapportent à l'endroit qu'on cite ici.

D'autre part 87, 289, 376

somme totale
de nos im-
pôts & de
partie de
leurs suites,
se montoit à . . . 15, 289, 375

Si nos ex-
portations &
le frêt, font
; des dépen-
ses de notre
Nation, il
faudra leur
faire suppor-
ter $\frac{1}{8}$ de l'article précé-
dent ; ce qui
fera . . . . 1 : 911, 171

Et déduc-
tion faite, le
reste, qui se-
ra ce qui de-

vra tomber
sur les ter-
res, se mon-
tera à 13, 378, 204

M. Locke, dans ses *Considé-*
rations, page 95, traitant des
impôts sur les Denrées & Marchandises, s'exprime en ces termes : » En tout pays dont le
» plus grand fonds sera en terres,
» on prétendra envain faire sup-
» porter le fardeau des charges
» publiques du Gouvernement
» à toute autre chose, & ce sera
» enfin là qu'il devra nécessaire-
» ment aboutir en entier. Jamais
» en effet, on ne viendra à bout
» de faire payer ces charges aux
» Marchands : les Laboureurs
» n'en seront pas en état; il faudra
» donc qu'en dernier ressort, elles
» retombent uniquement sur les
» propriétaires des terres «.

Et nous pouvons ajoûter à cela, que fi le Commerce Etranger ne paye qu'un huitiéme de ces mêmes charges, la terre payera les $\frac{7}{8}$ reftans ; lefquels fe montant à 13, 378, 204, & étant a défalquer d'un revenu de 20, 0co, 000, formeront une impofition de plus de 13 f. pour liv. fur les terres d'Angleterre ; enforte qu'une terre qui rapporteroit 20 fchellings par acre, dans l'état actuel des chofes, & une terre qui, étant déchargée d'impofitions, rapporteroit 7 fchellings par acre feulement, feroient abfolument égales l'une à l'autre en valeur réelle; qu'il n'eft parconféquent aucune importation, ou de bétail d'Irlande, ou d'autre efpéce, qui réduife autant le revenu de nos terres, que font nos taxes & nos monopoles ; & qu'enfin cette prohibi-

tion, que nous appellons bien
mal-à-propos du nom de *reméde*,
ne produit dans le vrai, d'autre
effet, que d'avancer la décadence générale de notre Commerce, & par-conséquent aussi la décadence générale de nos revenus, selon qu'on l'éprouva après
qu'elle eut passé.

C'est ce que Roger Cocke nous
apprend dans son Traité qui a
pour titre : *Que l'Église & l'É-*
tat, ne courent pas en Angleterre,
moins de risques que le Commerce,
& qui a été publié en 1671 ; car
il y dit pag. 64, que » bien
» loin que l'objet de hausser les
» revenus des terres de l'Angle-
» terre, qu'on s'étoit proposé
» dans les actes contre l'impor-
» tation du bétail d'Irlande, eût
» été réellement rempli ; ces ac-
» tes avoient même produit un
» effet tout contraire. Je souhai-

» terois, ajoute-t-il, qu'on fît un
» état des milliers de Fermes qui
» ont été abandonnées depuis ces
» mêmes actes , & des milliers
» d'autres , qui, à compter de
» la même époque , ont baiffé ,
» les unes d'un fixiéme , les au-
» tres d'un quart , les autres
» d'un tiers ; j'en connois, quant
» à moi, quelques-unes , qui ,
» après avoir refté deux ans fans
» culture, font tombées jufqu'à
» moitié de leur ancienne va-
» leur «.

§. V.

Cinquiéme monopole.

Il eft la fuite de celles *de nos*
Loix , qui deffendent l'importa-
tion de plufieurs efpèces de poif-
fons , par des Etrangers.

Ces Loix donnent en effet
occafion au petit nombre de
pêcheurs que nous avons , & à

nos vendeurs de Marée, de faire un monopole sur notre peuple : d'où il arrive que le poisson se vend cinq fois aussi cher, ou davantage, à Londres qu'à Amsterdam ; ou même que nos Marchands de Marée jettent souvent de grosses quantités de poisson, pour soutenir cette sorte de provision de bouche, à un prix exorbitant ; ce qui accable la portion industrieuse de notre peuple.

C'est aussi par cette raison que nous n'avons pû nous rendre maîtres de la pêche des Côtes d'Ecosse, en chassant de ces parages les pêcheurs Hollandois, qui, si nous l'avions fait, seroient venus à la longue s'établir dans nos Contrées, bien meilleures, sans comparaison, que ne sont celles de Hollande : car qui préféreroit de vivre dans un mauvais pays, en y payant de gros

gros impôts, à vivre dans un bon
pays, & libre de tous impôts.

Et la même raison, a mis encore la France en état de commencer la pêche sur nos Côtes,
& comme elle y employe déja
un grand nombre de Navires,
je laisse à tout bon Anglois à juger combien les suites de la chose peuvent devenir dangereuses.

Enfin, quelle triste figure ne
faisons-nous pas, entourés de
tous côtés de pêches, & en même-tems si serrés par les liens
de nos impôts, de nos monopoles &c. &c. que nous ne sçaurions
en entreprendre nous-mêmes,
& obligés moyennant cela à de-
meurer humblement dans l'inac-
tion, & à contempler les bras
croisés, des essains d'Etrangers se
rendant de toutes parts dans nos
Mers, & nous enlevant nos ri-
chesses?

Tome I. K

§. VI.

Sixiéme monopole,

Il consiste dans *notre acte de Navigation.*

Cet acte peut nous être à la vérité de quelque utilité, dans l'état de langueur où est à présent notre Commerce : mais il nous seroit absolument inutile, si nous avions apporté de bons remédes aux maux que nous souffrons en ce genre ; & il n'est pas même aujourd'hui sans inconvéniens.

Toute Loy qui borne à un certain point nos importations ou nos exportations, à quelques Navires où à quelques particuliers, offre un monopole à faire, à ceux en faveur de qui la restriction a été accordée, & qui, dans le cas dont il est question ici, sont, ou bien les Négocians des pays du cru desquels on importe des Marchandises, ou bien les nôtres propres ; & ce monopole est très-préjudiciable à nos Manufactures ; car il établit que les Denrées & Marchandises nécessaires à la vie, & les matieres premieres de nos Manufactures, ne seront jamais importées chez nous aux moindres frais de navigation qu'il seroit possible ; mais qu'elles l'y seront au contraire au moyen d'une navigation chere ; qu'elles payeront en conséquence un frêt fort haut, & qu'ainsi elles s'éleveront à un prix fort au-dessus de celui qui leur seroit naturel : Or si le Fabriquant paye cher la nourriture, les matériaux des Marchandises qu'il fabriquera, il faudra nécessairement qu'il vende à proportion ces mêmes Marchandises.

Cet acte emporte encore que les mêmes choses ne nous seront apportées que du seul lieu de leur cru, ou du Port voisin de ce lieu, & dans lequel on en fait d'ordinaire l'embarquement ; d'où il résulte que les Etrangers & nos Marchands se voient a portée de faire un monopole sur notre peuple : car les Etrangers même connoîtront toujours le dégré de besoin que nous aurons de chaque sorte de Denrées ou de Marchandises ; & si nous ne nous en reposons que sur une seule Nation pour nous fournir de ces mêmes Denrées ou Marchandises, elle ne manquera pas dans l'occasion, de nous les faire payer à proportion du besoin qu'elle aura connu que nous en aurons.

Et nos Marchands pourront de leur côté se prévaloir de la

circonſtance, pour ſe rendre en
ſûreté, maîtres abſolus du Négoce ; car s'ils importent ou qu'ils
achettent une grande quantité de Marchandiſes au tems ordinaire de l'embarquement, ils
n'auront abſolument rien à craindre à mettre à ces mêmes Marchandiſes, & juſqu'au tems du
retour, tels prix exorbitans
qu'ils voudront ; puiſque les autres Nations qui en auront fait
des proviſions, ſeront exclues
de nos ventes ; & cela, quelque
bon marché qu'elles ſoient diſ-
poſées à nous en faire.

C'eſt ainſi, ſuivant que nous
l'apprend l'Auteur du Livre intitulé : *Britannia Languens,* ʺque
ʺ les Danois, prenant avantage
ʺ de l'acte en queſtion, hauſſerent
ʺ dès-lors, & les prix, & les
ʺ droits ſur nous, de la poix, du
ʺ goudron & du merain, preſ-

» que jusqu'au double du taux
» où tout cela étoit auparavant,
» & que les Flamands en firent
» autant à l'égard du chanvre
» & du lin : à quoi il ajoute,
» *pag.* 68, que l'exclusion de nos
» Ports que nous donnons à plu-
» sieurs Navires Etrangers, doit
» empêcher la vente d'une gran-
» de quantité de notre bœuf salé,
» de notre lard, de nos grains,
» de notre bierre, de nos draps,
» & de diverses autres de nos
» Marchandises nécessaires à la
» vie : & à la *page* 69, que les
» Hollandois permettent au con-
» traire un libre Commerce à
» tous les Etrangers & à leurs
» Navires.

D'ailleurs, cet acte enchéris-
sant les frais de notre navigation nous prive du Commerce
de la pêche, qui, comme on l'a
déja dit, est la vraie mere nour-

rice des Matelots, mais que nous ne sçaurions faire qu'en concurrence des Hollandois & des François, & par conséquent qu'à petits fraix & avec peu de profit. Auffi n'y ferons-nous pas aujourd'hui le moindre progrès qui mérite qu'on en parle. Cet acte nous a donc privé de Matelots, au lieu d'en accroître le nombre parmi nous ; & comme il s'oppose encore jusqu'à un certain point à l'acquisition que nous voudrions faire de Matelots Etrangers, il donne en cette sorte occasion à nos Matelots, d'exercer auffi un monopole sur nous, en prétendant & exigeant, soit en tems de guerre, soit dans des conjonctures favorables au Commerce, un salaire presque double de celui dont les Matelots Etrangers se contentent. Voilà donc encore à cet égard nos Marchands dans l'oppression, nos effets renchéris dans tous les Marchés, & les Fabriquans Etrangers avantagés au préjudice des nôtres ; tandis que nos Matelots se tiendront cachés pour se faire accorder par un monopole odieux, des gages excessifs. Et ce n'est pas-là non plus une des moindres raisons des embarras que nous éprouvons dans l'armement de nos Vaisseaux de Roi. Roger Cocke dans son *Discours sur le Commerce*, publié en 1670, pag. 27, dit en effet que » deux ans » après que la clique qui détrô- » na Charles premier, eut porté » cette Loi, la construction des » Navires devint plus chere » qu'auparavant, d'un tiers de » denier par livre & les gages des » Matelots de leur côté monte- » rent si haut, que nous perdîmes.

» abfolument notre Commerce
» de Mofcovie & celui de la pê-
» che de la baleine fur les Côtes
» du Groënland. «

§. VII.

Septiéme monopole.

Il eſt renfermé dans les *Loix*
qui défendent d'exporter des Mar-
chandifes de laine de Fabrique
d'Irlande. (a)

On avoit d'abord eu peur que
la culture & l'amélioration de
l'Irlande, ne portaffent coup à la
valeur de nos terres, & ne la di-
minuaffent ; & de-là cette fu-
neſte prohibition qu'on fit du
bétail d'Irlande, & fur laquelle

_____

(*a*) Ce monopole a diminué par une Loi qui
a été portée en 1751, & en vertu de laquelle
on a ouvert tous les Ports d'Angleterre aux
laines d'Irlande ; au lieu qu'elles ne pouvoient
auparavant y entrer que par deux Ports.

K v

nous avons déja eu occasion de
nous étendre. Le peuple de ce
Royaume se voyant donc obligé
à chercher quelque biais pour
tirer un autre parti de ses terres, se rejetta sur la nourriture
des moutons, & pensa ainsi à
se faire un nouveau fonds en
laines : mais la chose ne fut pas
plutôt effectuée, qu'il parut de
notre part une prohibition d'exporter aucuns produits de celles
de nos Fabriques qui employe-
roient de cette laine ; & que cette
défense de l'exportation des Marchandises Fabriquées avec de la
laine d'Irlande, fit bien tôt tomber le Commerce des lainages
d'Angleterre, & éleva en même
tems sur ses ruines, celui des
lainages de France. Et la raison
en fut que tant qu'on ne permet
pas aux Irlandois, d'exporter des
Marchandises de laines, il faut

bien qu'ils vendent au moins leurs laines en Suin, aux plus offrants qui font les François; & qu'une balle de laine d'Irlande faifant employer dans la Fabrique deux balles ou même plus de laine de France; cela produit un double dommage pour l'Angleterre : fçavoir, celui qu'elle pourroit recevoir de l'exportation ouverte des Marchandifes de laine d'Irlande, & celui qui réfulte de ce que la France, en diminuant fes impôts en tems de paix, facilite en cette forte à fon peuple, les moyens de travailler à bon marché, le met par-là en état de donner un grand prix de la laine d'Irlande, devient ainfi, peu-à-peu, le principal lieu de vente de cette laine; & a déja établi fur ce fondement & à peu de frais, de riches Fabriques, qu'elle

n'auroit jamais pû alimenter
avec ses seules laines.

C'est principalement l'accroissement de ces Fabriques Etran-
geres qui a fait décliner à proportion les nôtres ; & quoique
celles-là s'accroissent toujours,
& que celles-ci déclinent aussi
continuellement ; cependant la
crainte, ou plutôt l'entêtement
où nous persistons encore au sujet de la valeur de nos terres,
empêche que nous n'abrogions
une défense qui est non-seulement nuisible aux Irlandois,
mais encore ruineuse pour nous.
Car les grandes taxes & les monopoles auxquels on est sujet en
Angleterre, y rendant désormais le travail trop cher pour
que les Fabriques en laine puissent continuer à s'y soutenir, il
ne nous reste plus qu'à choisir
d'abandonner ces sortes de Fa-

briques, ou aux Irlandois, ou
aux François. Il est de fait que
les Irlandois exportent clande-
stinement quelques camelots de
laine à Lisbonne, où ils les donnent à meilleur compte que les
François n'y vendent les leurs ;
& il n'en faut pas davantage
pour se convaincre que les Irlandois pourroient enlever aux
François les Fabriques en laine.
Or, offrirons-nous aux François
un Commerce que nous nous
obstinons à ne point permettre à
des sujets de notre propre Etat ?
Faisons au moins attention qu'un
bon tiers de ce que gagnent les
Irlandois doit nécessairement a-
boutir à la fin chez-nous ; & ne
refusons pas une somme si consi-
dérable que les Irlandois peuvent
arracher à nos ennemis, & dont
ils ne demandent pas mieux que
de nous faire présent.

TROISIÉME CAUSE.

Nos mauvais réglemens de Commerce.

§. I.

Nos Loix qui accordent une gratification sur les grains, sur le poisson, & sur les viandes exportées, sont très-préjudiciables à nos Manufactures.

Car les salaires des ouvriers dépendant du prix haut ou bas auquel se vendent le bled, le poisson & la viande, les gratifications qu'on accorde sur les exportations de ces différentes choses, ne produisent d'autre effet que de donner à vivre aux Etrangers à meilleur marché qu'à notre propre peuple, en récompense sans doute, de ce qu'ils nous enlevent notre Commerce. L'objet qu'on peut avoir eu d'abord, de faire fleurir la culture des terres par l'établissement d'une gratification sur les grains , ne sçauroit plus être d'aucun poids aujourd'hui , depuis les grands progrès que nous avons faits dans l'agriculture , & mériteroit encore moins de considération , si nous établissions des Magasins de bled dans chaque Province , pour nous précautionner contre les tems de chereté. Les Etrangers n'achettent jamais de provisions de bouche que lorsqu'ils en manquent ; & il faut bien alors qu'ils en achettent , soit que nous accordions ou que nous n'accordions pas de gratification sur les exportations. Le Négociant Anglois , *Volume 2 ,* *pag.* 247 , dit que » si nous devenions un jour une Province » de France , le peuple de ce » Royaume nous obligeroit à

» accorder une gratification fur
» l'exportation de nos laines,
» comme nous en accordons une
» fur celle de nos grains, & afin
» qu'il pût ainfi avoir nos laines
» à meilleur compte que nous :
» *& à la pag.* 400, *il eftime que*
» la valeur de la main d'œuvre
» dans nos Fabriques en laine,
» eft fupérieure d'un tiers à celle
» des laines qu'on y employe. »
Or j'en appelle ici à tous les gens
fenfés ; & je demande s'il n'eft
donc pas plus préjudiciable de
nourrir à bon marché l'ouvrier en
laine étranger, que de lui livrer à
bas prix les matériaux de fon travail. La proportion que je viens
de rapporter entre la matiere &
la main d'œuvre, ne regnant que
dans notre Commerce de lainages feulement, une gratification
qu'on accorderoit fur l'exportation des laines, toute abfurde &

toute pernicieuse qu'elle pourroit
être, s'arrêteroit au moins à ce
seul objet ; au lieu que les gratifications sur l'exportation du bled,
du poisson & des salaisons, ayant
pour effet direct de nourrir les
François à meilleur compte que
notre propre peuple, elles pré-
cipitent la ruine de nos Manufactures, non-seulement en laine,
mais encore en soye, en fil & en
fer : en un mot celle de tout
Commerce, de toute Navigation, & de toute autre chose au
monde que nous puissions entreprendre. Quoi de plus absurde,
quoi de plus pernicieux qu'une
pareille conduite ? Agirions-nous
autrement si nous étions devenus en effet une Province de
France ? ou plutôt n'est-ce pas-
là le vrai moyen de nous réduire
bien-tôt & infailliblement à cet
état ?

Tous les efforts que nous ferons pour retenir nos laines chez nous, se trouveront au reste inutiles, tant que notre peuple ne sera point affranchi des impôts, des monopoles & des Loix mal entendues sous lesquelles il gémit, & cela à l'égal ou même au de-là des Etrangers. Car tant que les François pourront travailler à plus bas prix que nous, ils seront dès-lors toujours en état de donner un haut prix de nos laines ; & le lecteur comprendra de lui-même, quel effet pourront avoir des prohibitions, lorsqu'il y aura beaucoup à gagner à les enfraindre. La menace de la peine de mort, n'empêche pas d'exporter l'argent en lingots, d'Espagne & de Portugal ? & le Chevalier Josué Child remarque dans son *Traité sur le Commerce* page 157, & au sujet même de

notre laine , que » ceux qui
» pourront donner le plus haut
» prix d'une Marchandife , ne
» manqueront jamais de fe la
» procurer de maniere ou d'au-
» tre , malgré l'oppofition de
» toute loi , ou l'interpofition
» de telle Puiffance que ce foit ,
» ou par mer ou par terre : tant
» le cours ordinaire du commer-
» ce a de force & d'impétuofi-
» té pour pénétrer par-tout. «

C'eft une chofe qui paroît fur-
prenante ; qu'on veuille continuellement fuppofer qu'un pays
auffi borné que les Ifles Angloi-
fes , produife des laines , & même d'efpèces particulieres , en
quantité fuffifante pour en fournir les Manufactures du monde entier ; ou qu'on regarde comme une réponfe fatisfaifante à la
queftion , comment notre Commerce de lainage vient-il à dé-

cheoir ? de dire que les quantités de Marchandises en laines que nous fabriquons, vont au-delà des consommations, comme on le répéte néanmoins dans toutes les conversations. Nos Isles ne sont pas la trois centiéme partie de la surface bien calculée de la terre en entier ; & imaginer qu'une partie du monde fournira abondamment avec ses seules épargnes aux trois cens quarante-neuf autres, une Marchandise nécessaire par-tout, c'est sans doute quelque chose de bien étrange. Mais l'explication du mystere, c'est que nos impôts & nos monopoles nous empêchent de donner à la Marchandise en question, tout le débit qu'elle avoit autrefois, ou dont elle seroit encore susceptible. Et les matériaux en sont en effet si peu une chose que les

Etrangers ne recherchent point, que nous sommes au contraire obligés d'essayer d'en empêcher l'importation chez-eux par de sévéres Loix pénales. C'est donc aux Ouvrages mêmes que nous en faisons que nous ne sçaurions, d'un côté, procurer de débouché à peu de distance de notre pays, à raison des prix exorbitans auxquels les y portent des impôts qui rendent chez nous les provisions nécessaires à la vie plus cheres qu'elles ne sont chez nos voisins, & que nos Compagnies parmi lesquelles regnent les monopoles, empêchent d'ailleurs que nous n'en puissions non plus faire trouver dans nos Commerces éloignés, aux trois quarts du monde entier ; les amas qu'elles en font dans un petit nombre de Ports, n'aboutissant qu'à les y rendre vils &

à les y faire tomber au-dessous de leur valeur naturelle. Au lieu que si notre Commerce étoit absolument libre, nous n'enverrions que de petites quantités de Marchandises de laines à chacun des Ports nombreux où nous Commercerions alors ; ce qui en rehausseroit naturellement le prix. Car, comme elles sont bien faites, elles seroient d'autant plus estimées & recherchées, qu'elles seroient devenues plus rares ; & peut-être même nous verrions-nous un jour obligés d'importer nous-mêmes des laines étrangeres en Angleterre, pour répondre au grand nombre de demandes de lainages qu'on nous feroit. C'est en un mot notre mauvaise conduite dans le Commerce, & cela seul, qui met les Etrangers en état de nous priver, même de nos avan-

tages naturels , du nombre desquels eſt ſans doute la facilité
de faire avec profit le Commerce des lainages.

§. I I.

Celles de nos Loix qui ſe rap-
portent à nos pauvres, favoriſent
extrèmement la pareſſe.

En obligeant les Paroiſſes à
entretenir leurs pauvres , nous
donnons à ceux-ci un droit à un
entretien , ſoit qu'ils le méritent
ou non. Il arrive donc de-là que
lorſque les vivres ſont à bon
marché , ils travaillent à peine
la moitié de la ſemaine : ils ne
font, comme on dit , que tuer le
tems pendant l'autre moitié ; &
ils ne penſent jamais à amaſſer
quelque choſe pour des tems de
maladie ou pour la vielleſſe ;
ſous prétexte que s'il doit leur
arriver de tomber dans de pa-

reils états., les Paroisses auront
alors soin d'eux. C'est là aussi une
des raisons pourquoi les gages
de nos Domestiques & de nos
Ouvriers, sont montés excessivement haut. Depuis que nos
Loix ont pris des paresseux sous
leur protection, personne ne
veut plus travailler sans être payé
à un prix exorbitant ; au lieu
que si on ne pouvoit désormais
compter que sur son industrie,
où qu'il n'y eût au moins que le
caractere d'industrieux qui pût
rendre un homme recommanda-
ble dans ses malheurs, aux personnes charitables, on se con-
tenteroit d'un ouvrage constant
& à un prix modéré ; dans lequel on trouveroit à vivre, ou
du moins seroit-on plus frugal,
feroit-on ainsi plus de réserves
pour des tems difficiles, & s'é-
tudieroit-on davantage à mé-
riter

riter dans l'occasion le secours
dont on pourroit avoir besoin.

Ces mêmes Loix sont d'ailleurs extrêmement injustes : car
le taux de ce qu'on donne pour
les pauvres se montant fort haut,
cette sorte de secours fait dès
lors une taxe pesante imposée
sur l'industrieux, pour soutenir
le paresseux ; & l'industrieux en
est même d'autant plus lézé,
& la vente de ses Marchandises au dehors en est d'autant
plus arrêtée que toute taxe réelle doit nécessairement hausser
le prix du travail & de ses productions ; & qu'il est en effet
arrivé de-là que la chereté du
travail est devenue si excessive
parmi nous, que nous perdons
d'après cela tous les Commerces
dans lesquels nous avons des
Etrangers pour compétiteurs.

Mais ce qui soutient encore

Tome I. **L**

plus la pareſſe, ce ſont les vices
de nos Loix contre les vaga-
bonds. Une Nation libre eſt toujours brave, & les braves ſont
toujours compatiſſans. Ce ſont
là de nos caracteres diſtinctifs.
Nous nous en laiſſons donc impoſer par la moindre apparence
de détreſſe. Quelques gueux qui
ſe ſont étudiés à bien contrefai-
re la miſere, attrapent plus d'argent de nous dans un jour, que
ne feroient pluſieurs Ouvriers
diligens; & rien ne décourage
plus les induſtrieux que de voir
des fainéans ſi bien récompen-
ſés. Nos chemins & nos rues
ſont donc pavées de mendians;
& toute l'allarme qu'on leur
donne, conſiſte à les chaſſer
quelquefois d'une Paroiſſe dans
une autre; ce qui ne produit
d'autre effet que de faire changer de lieu au mal, mais n'ope-

re point de réforme. Et si l'on fesoit en effet la recherche de la maniere dont les pauvres employent ces aumônes qu'ils reçoivent de leurs paroisses, je ne doute point qu'on ne trouvât que la plus grande partie est dissipée en boisson ; ensorte qu'on n'entretient la plûpart de ces sortes de gens que pour s'enyvrer.

Un des plus grands défauts de ces mêmes Loix, c'est encore qu'elles souffrent qu'on s'exempte, moyennant de l'argent, de remplir les Offices des Paroisses. Les Bourgeois les plus hupés, trouvent, en payant, le moyen de se dispenser de la charge de faire exécuter nos Loix ; & la manutention en est dès-lors confiée à d'autres qui leur sont inférieurs, & à qui leurs emplois ou leurs métiers ne laissent pas du tems de reste pour y vaquer.

Ceux-ci ne font d'ailleurs que trop souvent tentés de diffiper en fêtes, l'argent qu'ils ont levé pour les pauvres, ou de le faire au moins tourner à leur profit, en fournissant à des prix forts hauts les atteliers publics des chofes qui y font néceffaires ; & de-là les taxes trop fortes qui tombent fur différents Par   & les dettes que co   Paroiffes.

        plus commun que d'e.   que nous avons de bonnes Loix ; mais qu'elles font mal exécutées. A quoi je réponds que c'eſt encore un plus grand mal que les Loix ne ſoient point exécutées, que ſi l'on n'en avoit point du tout ; & qu'une Loi qui n'eſt pas exécutée ne ſçauroit, proprement même être bonne. En effet l'élufion des Loix en démontre la

foibleſſe : leur foibleſſe donne
aux gens une pauvre opinion de
la ſageſſe du Légiſlateur ; & on
paſſe bien-tôt de-là au mépris
général des Loix. En un mot
toute Loi qui n'obligeroit pas,
ſoit par l'eſpoir d'une récom-
penſe, ſoit par la crainte d'un
châtiment, à l'accompliſſement
de ce qu'elle ordonneroit, ne
ſeroit pas véritablement une
Loi ; & ce qui n'auroit nul effet
ne ſçauroit produire de bien ni
par conſéquent être bon.

§. III.

Celles de nos Loix qui nous aſ-
ſujetiſſent à de hauts droits, &
qui infligent en même-tems beau-
coup de peines contre ceux qui les
enfreindroient, ſont extrêmement
cruelles.

On prie ici les perſonnes qui
ont fait une étude de l'Art du

Gouvernement, de faire attention combien ces fortes de Loix
tiennent du caractere que les
Miniſtres de la Religion donnent
au Démon. Des hauts droits naiſ-
ſent les tentations ; en même-
tems que des peines pécuniaires
doivent ruiner ceux qui y ſuc-
comberont. De plus, le gros
des hommes vit comme il peut
& non comme il voudroit ; & ſi
quelques reſſources lui manquent il a recours à d'autres.
Rendre le Commerce criminel,
tandis qu'il ne l'eſt point par ſa
nature ; c'eſt donc retrancher
aux hommes un des moyens que
la providence leur a mis entre
les mains, pour ſe procurer de
quoi vivre, c'eſt-à-dire, que
c'eſt vouloir les obliger à mourir
de faim.

§. IV.

Nos Loix qui fixent une propor-
tion entre nos monnoies d'or & d'ar-
gent , nous font encore très-préjudi-
ciables.

Car ces deux métaux variant
eux-mêmes ici en valeur, toutes
les femaines , à proportion du
Change Etranger , il peut s'en-
fuivre de-là qu'on nous enleve
peu à peu , & à notre grande
perte toutes nos efpeces de l'un
& de l'autre ; & la chofe arrive .
même fouvent à l'égard de nos
efpèces d'argent. Par exemple ,
on frappe d'une livre d'argent
au titre, 62 fchellings ; de façon
qu'une livre & $\frac{1}{62}$, valent 63
fchellings, & font le change de
3 guinées. Or fuivant le papier
public de Caftaing , l'argent de
titre, étoit le 3 Février 1740. à
5 fchellins 7 deniers & demi

l'once ; ce qui fait pour une livre & $\frac{1}{62}$ de livre, 68 schellings 7 deniers $\frac{4}{62}$, & plus de 5 schellings 7 deniers $\frac{4}{62}$, de plus que le courant, ou près de 9 pour $\frac{1}{0}$ de perte pour nous, & de gain pour les Etrangers qui enlevent nos monnoies d'argent. Et pourrions-nous être surpris de ce que nos monnoies deviennent si rares, tandis que nous en rendons nous mêmes l'exportation si avantageuse ?

» M. Locke observe dans ses » considérations &c. *pag.* 167, « que si nos Loix fixoient la pro- » portion des prix de l'or & de » l'argent, au rapport de 15 à 1, » tandis qu'elle feroit fixée cou- » ramment dans les pays voisins » du nôtre, à celui de 16 à 1, nos » voisins ne manqueroient pas » d'envoyer continuellement ici » leur argent, pour nous tirer no-

» tre or à $\frac{1}{16}$ de perte pour nous ;
» que si nous nous obstinions à
» conserver notre taux de 15 à 1,
» tandis que celui de 14 à 1 reg-
» neroit couramment en Hol-
» lande, en France & en Espa-
» gne ; ces Nations nous envoye-
» roient en ce cas leur or , pour
» tirer notre argent , à $\frac{1}{15}$ de per-
» te pour nous ; & qu'enfin ce
» qu'il dit là est inévitable, tant
» que nous voudrons tout à la
» fois des monnoies d'or & d'ar-
» gent ; & fixer en même temps
» par une Loi , le rapport de la
» valeur des unes à celles des
» autres «.

§. V.

Il ne sera pas hors de propos
d'observer ici que *nos Procès dis-*
pendieux sont encore véritablement
funestes au Commerce.

Les Négocians prennent en

effet souvent le parti de se soumettre à une véxation, plutôt
que d'avoir recours à un remede
qui, par la dépense ou la perte
de tems qu'il leur occasionne-
roit, pourroit devenir pire que
le mal qu'ils souffrent, & sur-
tout dans l'incertitude où ils seroient presque toujours, de pouvoir même à la fin obtenir justice de l'ignorance de nos tri-
bunaux, qui rarement sont en
état de bien comprendre toute
la complication des discussions
& des comptes de Commerce.
L'Avocat en convient en pleine
Audience ; mais il n'en embar-
rasse pas moins par son peu de ca-
pacité, la cause qu'il devroit au
contraire éclaircir par la netteté
de son esprit ; & le plus souvent,
tout bien résumé, le Juge con-
clut par dire aux Jurés. * » C'est

---

* Ce sont des Pairs, qu'on appelle en An-

» ici une matiere de Commerce
» que je ne comprends point,
» & que vous entendez : je m'en
» remets donc là-deſſus à votre
» avis « ; & bien des différends
étant ainſi renvoyés par des Ju-
ges circonſpeɛts, au rapport de
quelques Jurés, ne ſe terminent
enſuite qu'à grands frais ; au lieu
qu'ilsauroient pû être en effet dé-
cidés en deux mots. Il ne ſeroit
pas plus raiſonnable que des
Gens de Loi demandaſſent à des
Marchands une déciſion ſur des
points de Droit, qu'il ne l'eſt
que ceux-ci ſoient obligés de re-
courir à la déciſion de ceux-là,
ſur des points de Commerce ;
l'ignorance des perſonnes con-
ſultées ſur les points en queſtion,
étant égale des deux parts. D'ail-

gleterre dans les jugemens de toute affaire de
Commerce.

L vj

leurs, en particulier, à quels frais
ne constitue-t-on pas les pauvres
créanciers en nommant des com-
missions dans des affaires de fail-
lites; la chose au monde sur laquelle on devroit pourtant épar-
gner le plus les frais ; & tandis
qu'un malheureux n'a déja fait
que trop de perte , n'est-il pas
barbare d'aggraver encore son
sort , en le jettant dans de grandes dépenses ? On renvoye au
reste sur cet article le , Lecteur, à
la page 141 , du *Discours sur le*
Commerce de M. Josué Child , où
ce sujet est traité parfaitement.

§. VI.

Je vais maintenant m'occuper
de faire voir jusqu'à un certain
point , *à quoi peuvent se monter*
les dommages que nous causent nos
monopoles & nos mauvais régle-
mens de Commerce.

Quoique ce soit une chose au-dessus de ma portée que de juger exactement de l'*Agio* que chaque monopole particulier, ou chacune des Loix mal entendues qui ruinent notre Commerce, peuvent occasionner sur nos différentes Marchandises, de même que de déterminer le plus haut dégré auquel nos impôts, se joignant à cela, peuvent porter la valeur artificielle de ces mêmes Marchandises ; il doit néanmoins m'être permis de donner ici un essai de calcul qui suffise pour le but que je me propose ; & comme le plus important de tous nos Commerces est celui de nos Marchandises de laines, ce sera aussi celui-ci que je prendrai pour exemple.

De Wit dit dans ses Mémoires, page 57, que » la Fabrique » d'une piéce de draps, coûte en

» Hollande 70 livres, surquoi
» les Ouvriers payent 20 livres
» d'impôts. « Cet ouvrage dé-
chargé d'impôts ne reviendroit
donc en Hollande qu'à 50 livres;
& les 20 livres d'impôts sur 50
livres, font au juste une taxe de
40 pour %. Depuis le tems où de
Wit écrivoit, les Hollandois
ont eu deux guerres à soutenir
contre les François. Leurs impôts doivent donc avoir beaucoup augmenté; & autant que
je puis le sçavoir ils ont en effet
haussé d'environ le double. Mais
pour m'en tenir à un calcul modéré, je supposerai que leur augmentation n'ait été que de 10
pour %; & il résultera toujours
de-là que le travail de Hollande
est actuellement sujet à une taxe
de 50 pour %.

» La guerre de 1672, produi-
» sit dans le même pays, une si

» groſſe dette nationale , que la
» ſeule Province de Hollande
» eut à en payer chaque année
» pour ſa part, plus de 80 ton-
» nes d'or , ce qui feſoit près
» de 800 mille livres d'intérêt
» annuel : *voyez* l'examen des
» impôts durant le regne de
» la Reine Anne, *réimprimé en*
» *1743, page 4.*

La laine d'Angleterre qui
à paſſé en contrebande à l'E-
tranger, ſe vend chez lui, de 50
pour $\frac{0}{0}$ plus cher qu'en Angleterre; & ſans doute qu'on y en
eſt malgré cela auſſi content ou
même plus content que de toutes les autres laines étrangeres
qu'on y importe auſſi, ſans quoi
on ne l'y rechercheroit pas tant,
& ce feroit d'ailleurs en vain
que nous aurions fait de ſi ſé-
véres Loix pour empêcher qu'il
n'y en parvint.

L'Auteur des *observations sur la laine d'Angleterre* suppose, page 53, que » la valeur d'une » balle de laine d'Angleterre » peignée est de 6 livres ster- » lings «; & comme la balle de laine pese 240 livres, cela fait 6 deniers sterlings pour le prix de la livre; à quoi il ajoute à la *page* 23, » que le prix de la laine » d'Angleterre ou d'Irlande pei- » gnée, étoit en 1738 à Abbe- » ville à 10 ½ deniers sterlings » la livre, « prix qui est à raison de 10 livres 10 sols sterlings la balle, & précisément de 75 pour $\frac{0}{0}$ plus haut que celui qu'on paye en Angleterre; & la cho- se ne paroîtra pas surprenante, quand on fera attention aux peines que nos Loix ont atta- chées à cette contrebande, au cas qu'elle soit découverte, sans compter le fret des Navires, &c.

Par les Actes du Parlement des 9e. & 10e. années du regne du Roi Guillaume III , » la lai- » ne qu'on tranſporte par Mer » dans les Provinces de Kent & » de Suſſex ſans l'avoir décla- » rée & ſans acquit à caution , » doit être confiſquée , & eſt » outre cela ſujette à une amen- » de de 3 ſchellings par livre « .

Par ceux des 9e & 10e. an- nées du regne de Guillaume III , » toute laine qui ſe trouve ſur » un Navire , chargée pour ex- » portation , & ſans déclaration , » ni acquit à caution , doit auſſi » être confiſquée , & eſt de plus » taxée à 3 ſols par livre d'a- » mende « .

Par celui de la 12e. année du regne de Charles II , » on doit » confiſquer tous les biens & » effets de tout Maître de Navi- » re ou Matelot qui aura eu con-

» noissance de la chose, & y au-
» ra connivé, & le mettre outre
» cela en prison pour 3 mois «.

Par ceux des 7ᵉ & 8ᵉ années
du regne de Guillaume III,
» tous ceux qui auront aidé à
» l'exportation, doivent tenir
» prison durant trois mois, sans
» qu'ils puissent s'en tirer en
» donnant caution, ni que le
» temps de la détention puisse
» être abrégé «.

Par les mêmes, » les habitans
» du lieu d'où la laine est venue,
» ou bien où elle a passé, sont
» mis à l'amende de 20 livres
» sterlings, lorsque les Mar-
» chandises sont au - dessous de
» la valeur de 10 livres ster-
» lings, & à une amende triple,
» avec des dépens triples, si la
» valeur des Marchandises est
» plus haute «.

Par les mêmes, est ajouté,

» fauf à eux à avoir leurs re-
» cours contre les propriétaires
» ou interreſſés, & ceux qui leur
» auroient aidé «.

Par celui de la 5ᵉ année, du
régne de George II. » toute lai-
» ne ſaiſie à bord d'un Navire,
» ſans permiſſion par écrit de la
» Douane, rend ſujet à confiſ-
» cation le Navire, ſon Artille-
» rie, & tous ſes agrès «.

Par celui de la 4ᵉ année, du
régne de George premier, » ſi
» l'on ne paye pas dans trois mois
» l'Amende encourue ; on doit
» être tranſporté aux planta-
» tions pour 7 ans, comme pour
» crime de félonie «.

Les Hollandois nous ont abſolument chaſſé du Commerce
que nous faiſions en Portugal,
en moyennes ſortes de draps,
depuis 8 juſqu'à 11 ſchellings
la verge, & j'en appelle à tous

nos Marchands Drapiers , pour
qu'ils décident si la Fabrique des
draps mêlangés , pour exportation , & entre ces prix là, n'est
pas en effet maintenant réduite
à une quantité d'ouvrage qui ne
mérite plus qu'on en parle en
comparaison de ce qu'il s'en faisoit autrefois , ou même si l'on
en fait encore à peine quelques-
uns. Or si le drap de Hollande
doit être réputé chargé de 50
pour $\frac{0}{0}$ d'impôts , tant dans le
prix de la laine , que dans celui
du travail , & que cependant il
se donne dans les Foires étrangeres à meilleur compte que le
drap d'Angleterre ; il s'ensuit
clairement de-là que le dernier
doit être chargé de son côté
d'une valeur fictive au-dessus de
cette somme , & comme 1. pour
$\frac{0}{0}$ suffit pour faire pencher la balance du Commerce , lorsqu'elle

eſt en équilibre, j'eſtimerai la valeur fictive du drap d'Angle-terre. à 51 pour $\frac{o}{o}$

Nous avons vû à la page que la ſomme totale des impoſitions ſur les dépen-ſes de no-tre Nation eſt de. . . . . $\qquad$ 31 pr$\frac{o}{o}$

Les mo-nopoles & les mauvai-ſes Loix qui hauſſent auſſi la valeur de ce drap, y peuventdonc influer d'en-viron. (c) . . . . . $\qquad$ 20 pr$\frac{o}{o}$

En total les $\qquad$ 51 pr$\frac{o}{o}$

(o) Comme j'ai fait voir page que le pre-

Une balle de draps d'Angleterre qui coûte maintenant 200 l. renferme donc dans son prix une valeur artificielle, résultante de nos impôts, de nos monopoles, de nos mauvais reglemens de Commerce, & des conséquences de

mier article se montoit encore plus haut qu'à 31 pour $\frac{o}{o}$ il s'ensuit de-là que le second ne doit pas, d'après les suppositions précédentes, aller jusqu'à 20 pr $\frac{o}{o}$.

tout cela, qui
selon qu'on
vient de dire
est de . . . . liv. 5 t
   Et souftraction fai-
te, la valeur natu-
relle de cette même
balle de drap, fup-
pofée libre d'impôts
&c. ne feroit que de..... liv. 200

   5 1 liv. sterlings dont nos taxes, nos monopoles , nos Loix
mal-entendues de Commerce, &
une partie des fuites de tout cela,
groffiffent la valeur d'un effet de
49 livres sterlings en foi , font
fur cet effet une augmentation
de prix de plus de 104 pour ÷ &
telle eft en effet, à compter les
chofes au plus bas, la valeur artificielle, dont la valeur naturelle de nos Marchandifes fe
trouve augmentée , avant que

nous en faffions la vente.

Outre le tort que cette valeur artificielle que nous ajoutons ainfi à nos Marchandifes, fait à notre Commerce, elle doit encore affoiblir & appauvrir notre Gouvernement, puifqu'elle l'oblige à chaque occafion à lever fur la Nation plus que le double des fommes qui feroient réellement néceffaires; ce qui produit des murmures & des mécontentemens parmi le peuple, le met à la beface, & fait qu'il fe trouve d'autant moins en état de payer les fubfides; car plus de la moitié de la valeur de tout ce dont nous pouvons avoir befoin, n'étant qu'une valeur fictive, » nous fommes obligés de lever » autant d'argent pour entrete- » nir 112, 500 hommes, que » les François enlevent pour en » entretenir 300, 000, « fuivant

vant qu'il paroît par le *Négociant Anglois*, Vol. 1. page 7.
Et fi la même différence a lieu
auffi dans la dépenfe de nos flottes, c'en doit être, je penfe,
affez de cela, pour nous ouvrir
les yeux fur le moyen que nous
aurions de pourvoir bien mieux
à notre fûreté, en déchargeant
notre travail & nos Marchandifes de toute valeur fictive, & en
nous mettant ainfi en état de
faire tête avec plus d'égalité a
de fi dangereux ennemis

Quatriémement, *la groffeur de
notre dette nationale.*

Cette dette ne s'eft formée
qu'avec de grands inconvéniens
pour nous.

Premierement, elle ruine notre Commerce, en fervant au
Gouvernement de prétexte pour
prolonger la durée de ces impôts fur les Denrées & Marchan-

Tome I.   M

dises, desquels j'ai fait voir p'us haut les pernicieuses conséquences.

En second lieu, elle détruit le crédit des particuliers. Les *Annales de l'Europe pour l'année* 1739, page 444, remarquent fort à propos que ,, cette levée ,, de fonds à d'abord tiré des ,, mains des particuliers une gran- ,, de quantité d'argent, qui, sans ,, cela, auroit dû être prêtée à ,, nos Marchands & Commer- ,, çans ; qu'il est devenu par-là ,, difficile à ceux-ci, d'emprun- ,, ter de l'argent sur leur papier; ,, que dès-lors il a été dange- ,, reux pour eux de le faire, & ,, qu'en conséquence la chose a ,, détruit le crédit des particu- ,, liers, & porté en général un ,, grand coup à tout notre Com- ,, merce.

En troisiéme lieu, elle favo-

rife la pareffe. Car plufieurs perfonnes qui fe font fait en cette
forte un revenu de 3 à 4. pour
$\frac{0}{0}$, fur un argent dormant, doivent parmi nous être envifagées
comme de vrais frelons dans une
ruche, puifqu'elles ne travaillent ni à la culture de nos terres, ni a étendre notre Commerce.

Quatriémement elle doit oc-
cafionner le progrès du luxe,
puifque la pareffe eft la mere de
tous vices; qu'un pur rentier eft
la perfonne la plus pareffeufe
qu'il y ait fur la terre, & n'a
rien de plus à faire qu'à tuer le
tems en fatisfaifant fa vanité &
fon luxe, & que depuis quelques années on n'éprouve que
trop tout cela dans notre Nation.

Cinquiémement, ces dettes
confument le corps politique de

notre Nation ; car une grande partie, & que quelques personnes font même monter à vingt millions de livres sterlings, appartient à des Etrangers résidens hors de nos Royaumes, & à qui il en faut remettre l'intérêt chez eux ; & ces rentiers, (en supposant même que l'intérêt qu'on leur remet tous les ans au dehors, ne se monte qu'à 750, 100 livres sterlings), sont toujours pour la Nation comme des Propriétaires de terres absents, qui épuisent insensiblement la richesse d'un pays.

Si notre Commerce ne nous rapporte que peu de bénéfice, une si grosse somme qui sort de chez-nous tous les ans, produira certainement cet effet que nous resterons toujours pauvres.

Si notre Commerce se fait sans profit ni perte, & que la

caiſſe courante de la Nation ſoit de 12 millions, il eſt clair que l'intérêt que nous payons aux Etrangers l'aura vuidée en ſeize ans.

Mais ſi la balance générale de notre Commerce vient à être contre nous, l'envoi qu'il nous faudra faire annuellement au-dehors pour la ſolde, joint à ces 750, 000, d'intérêt annuel que nous aurons à payer, nous précipiteront vers notre ruine, auſſi rapidement que fait un tourbillon à l'égard de tout ce qu'il embraſſe, & telle eſt la belle ſituation où nos dettes nous ont réduits.

Dès-lors qu'elles nous ont eu rendus tributaires des Etrangers, la pauvreté eſt déſormais devenu notre partage. Un Etranger qui depuis 50 ans reçoit de nous mille livres ſterlings de dividende par an, pour des fonds qu'il a placés sur nous à 4. pour $\frac{0}{0}$ d'intérêt seulement, a tiré en effet de nous, (y compris les intérêts que nous aurions pû tirer nous - mêmes des intérêts que nous lui avons payés), une somme de 156, 115, liv. sterlings, sans que nous lui ayions encore remboursé son capital; & je mets ici fort au rebais ce butin que l'Etranger dont je parle a fait sur nous, tout monstrueux qu'il puisse paroître sur ce que j'en dis; car l'intérêt de l'argent étoit, il y a 50 ans, beaucoup au-dessus de 4 pour $\frac{0}{0}$: mais comme j'aurois de la peine a retrouver l'époque précise de la réduction de l'intérêt de notre argent; je laisse au Lecteur à se contenter ou à se plaindre, (comme il aimera mieux) du résultat, tout à la fois modeste & honteux pour nous, du calcul que je viens de faire.

Que nos impôts, nos monopoles, nos Loix mal-entendues & notre groſſe dette nationale, ſoient les vraies cauſes de la décadence de notre Commerce Etranger; c'eſt ce que j'aurai prouvé clairement, ſi je puis faire voir que ce ſont ces mêmes choſes qui ont produit originairement la contre-bande qu'on fait de notre laine pour la France.

Et comme j'ai déja prouvé qu'elles ſont la cauſe de la chereté du travail parmi nous, il ne me reſte plus qu'à montrer que la chereté du travail parmi nous, l'eſt elle-même de la contre-bande dont il eſt queſtion ici.

Les plus offrans de notre laine ſeront toujours ceux qui nous l'acheteront; & ceux qui pour-

M iv

ront la travailler à meilleur marché, seront aussi toujours ceux
qui nous en offriront le plus. Or,
dans la balle de drap qui vaut
100 livres sterlings, & dont il a
été parlé ci-devant la main d'œuvre en particulier, est, suivant
le Négociant Anglois, Volume
2e page 400, du prix de 75 liv.
sterlings : Le même Auteur dans
ses *Observations sur la laine d'Angleterre*, page 21, assure que » la
» main-d'œuvre est en France à
» un tiers meilleur marché qu'en
» Angleterre « : c'est-à-dire,
qu'elle y doit être à 50 liv. sterlings : Les Fabriquans de notre
Nation ne sont donc en état de
donner que 25 liv. sterlings de la
même laine de laquelle les François peuvent donner jusqu'à 50 l.
c'est-à-dire, précisément le double du prix que peuvent y mettre
les premiers ; & cette dispropor-

tion de prix qui a son origine
dans nos impôts &c. fera, tant
qu'elle continuera, passer par
contrebande notre laine en France, en dépit de toutes les Loix
pénales que nous pourrons faire ;
& quand même nous décerne-
rions la peine de mort contre
ceux qui l'y exporteroient, &
que nous nous priverions en cette sorte de ces malheureux pour
nous la conserver.

Et cette laine qui passe continuellement en contre-bande
aux François, ceux-ci la Fabri-
quent en étoffes qu'ils envoyent
aux marchés Etrangers, pour y
entrer en concurrence avec celles de nos propres Manufactures,
ou plutôt pour les y faire tomber ; tant il est vrai de dire que
moyennant les causes dont je
viens de faire mention, nous
fournissons nous-mêmes aux

François des armes pour nous couper la gorge.

Nous concluerons donc cette premiere partie, par ces réflexions.

» Le Commerce Etranger de » toute Nation quelle qu'elle » puisse être doit décliner dès-» lors «.

Que cette Nation établit des taxes inégales, & des excises ruineuses sur son peuple

Qu'elle engourdit son Commerce, la vraie source des ri-chesses par de hauts droits & des prohibitions.

Qu'elle souffre plusieurs monopoles.

Qu'elle opprime son peuple en défendant l'importation des provisions de la vie, sous prétex-te de hausser en cette sorte la valeur de ses terres.

Qu'elle accorde des gratifications pour nourrir des Etrangers à meilleur compte que son propre peuple.

Qu'elle favorise la paresse en faisant de mauvais réglemens, relativement aux pauvres du pays.

Qu'elle fait naître aux Etrangers la tentative de lui enlever les espèces monnoyées, pour un prix moindre que leur valeur intrinséque.

Qu'on n'y obtient Justice qu'à grands frais.

Et qu'elle laisse enfin courir de grosses dettes Nationales contractées en tems de guerre, sans penser à en faire les remboursemens en tems de paix.

Or elles sont en effet les causes du déclin de notre Commerce Etranger; & après les avoir fait connoître, nous sommes

M vj

naturellement conduits à traiter des raisons pour lesquelles
le déclin de notre Commerce
Etranger doit faire baisser la valeur de nos terres.

SECONDE PARTIE.

LES raisons pour lesquelles
le déclin de notre Com-
merce Etranger doit faire baisser la valeur de nos terres, *sont :*

La premiere : *Qu'il fait tom-*
ber nos marchés par la diminution
d'achats & de ventes qu'il y occa-
sionne.

Car les causes dont on a parlé ci-dessus, ayant rendu les productions de nos terres extrêmement cheres. Les Etrangers ne
nous en prennent plus le super-
flu, & les mêmes raisons ayant
extrêmement rencheri notre

main d'œuvre, nous ne sommes
point en état d'en tirer nous-
mêmes parti dans nos Fabriques,
attendu que les Nations qui
peuvent donner les produits des
Fabriques à meilleur compte que
nous, fourniffent dès-lors de ces
produits les marchés Etrangers,
& nous ôtent ainfi le débouché
des nôtres de même genre. Les
Productions de nos terres ne
font donc plus exportées com-
elles l'ont été précédemment ;
elles deviennent donc comme
un fonds mort entre les mains
de nos Fermiers : enfin il arrive
de-là qu'elles s'accumulent de
plus en plus dans nos marchés,
& que dès-lors qu'elles n'y ont
plus d'attrait que pour peu d'a-
cheteurs, leur prix doit naturellement y tomber ; & c'eft ainfi,
par exemple, que la diminution
de demande de nos Marchandi-

les de laine au dehors, doit faire rombèr le prix de la laine chez nous.

Supposons qu'en 1699, nous ayions exporté en Turquie 40, 000, pièces de draps, dans chacune desquelles il soit entré pour 2 livres sterlings de laine, cela aura donc fait un envoi de . . . . l. 80, 000

Et qu'en 1738, nous aïions exporté en Turquie 8, 000,

piéces de draps dans chacune desquelles il soit entré pour 1 liv. 10 sols sterlings de laine, le total de l'envoi se sera monté à . . .

l. 12, 000
_____

La différence des valeurs de laines exportées dans ces deux années, sera donc de . . . . l. 68, 000

De si grosses valeurs de laines nous restant annuellement sur les bras, doivent à la longue s'accumuler chez nous en grande quantité ; les Fermiers auront beau faire de leur mieux pour en vendre à nos marchés, ils n'en viendront pas à bout, à moins que ce ne soit à de bas prix ; & les Marchands de laine voyant que la demande décroîtra, ne se montreront plus d'ailleurs en si grand nombre ; mais les uns manqueront , d'autres abandonneront leur négoce, & d'autre se jetteront dans des Commerces différens : car un grand nombre de vendeurs avec de gros fonds de Marchandises en main, & un petit nombre d'acheteurs, font deux choses dont la réunion doit faire tomber le prix des Marchandises aux marchés : & les propriétaires des terres venant par dessus cela à presser les Fermiers ou Tenanciers de leur payer leurs termes, & les menaçant de saisir en cas de

délai, il faudra bien que pour
faire de l'argent, ceux-ci vendent leurs laines à tel prix que
ce soit : en un mot la Nation recevra tous les ans 68,000 liv.
sterlings de moins à employer
dans les Fabriques en laine,
qu'elle ne faisoit anciennement,
& cette circonstance abaissera
encore le prix de la laine. Moins
les produits des terres se vendent, moins haut les Fermiers
peuvent porter les Fermes. Plus
les marchés sont mauvais, plus
les Fermiers s'arrierent avec les
propriétaires des Fermes qu'ils
tiennent, & nos impôts, nos
monopoles &c. rencherissant de
jour en jour la main d'œuvre,
& les choses nécessaires à la vie,
& la décadence du Commerce
Etranger rabaissant encore le
prix des laines ; tout cela fait
manquer les pauvres Fermiers,

& les terres retomberont par-là dans les mains des propriétaires ; après quoi ceux-ci, qui ne veulent pas perdre leur revenu, mettront leurs terres en régie : les profits des Régisseurs qu'ils prendront ne manquent guere d'être en diminution de leur ancien revenu, & généralement tout cela les conduit à l'obligation de contracter des engagemens nouveaux, en donnant hipotêques sur leurs terres ; or plus il y a en cette sorte de terres en vente, moins veulent en donner ceux qui se présentent pour en acheter.

En second lieu : *En ce qu'il grossit parmi nous le nombre des pauvres, à la charge de nos terres.*

Lorsque les pauvres ne trouvent plus d'emploi, il faut bien que la terre les soutienne. Si des Etrangers leurs donnoient de l'ouvrage, ils leur donneroient du pain ; mais une fois que le Commerce ne peut plus les faire subsister, c'est la terre que la chose regarde ; & lorsque les taux des taxes pour les pauvres font si forts que les Tenanciers ne peuvent les supporter, l'obligation de les payer tombe toujours sur le propriétaire, soit qu'il doive le faire par un mandat sur ses revenus, soit qu'il préfere de reprendre pour cet effet la ferme, soit qu'il supporte la faillite que les grosses taxes pour les pauvres que ses Tenanciers ont payées, leur ont fait faire à son préjudice.

Supposons qu'en 1699, le travail des 40,000 pié.

ces de draps
dont il a été
parlé plus
haut ait em-
ployé . . . .   40, 000 Ouvriers

Et qu'en
1738, la Fa-
brique des
8 , 000 pié-
ces de draps
dont il a auf-
fi été parlé
ci-deſſus, en
ait employé . . .   8, 000

La diffé-
rence des
nombres
d'ouvriers
qui auront
été employés
dans ces deux
années ſera
de 32, 000

Suppoſons

D'autre part 32, 000

que ces 32, 000 ouvriers ayent anté-rieurement tiré des E-trangers par leur travail, 6 livres fter-lings par an chacun ; ce qui fe mon-tera en total à . . . . . .

78 , 000

liv. 192 ; 000

Mais que manquant d'emploi ils retombent fur leurs Pa-roiffes à rai-fon d'un fol 6 den. fter-

lings par se-
maine cha-
cun ; ce qui
se montera
à . . . .   liv. 124 ; 800

La diffé-
rence à la
charge du
propriétaire
des terres se-
ra de . . . .   liv. 316 , 800

Car la décadence du Com-
merce empêchant que la terre
ne reçoive la premiere de ces
deux sommes , & la même raison rejettant sur elle la derniere,
cela fait une différence de la valeur des deux mêmes sommes à
la charge du propriétaire dans
cette seule branche de travail,
& il en arrivera autant à proportion à l'égard de toutes les

autres branches de Commerce qui pourront auffi avoir décliné.

Troifiememenr, *En ce qu'il diminue parmi nous le nombre du peuple.*

Car l'emploi venant à manquer, les plus induftrieux, plutôt que de fe laiffer mourir de faim, fuyent en d'autres pays ou le Commerce peut leur offrir plus de facilité à fufifter. La confommation qu'ils faifoient fe trouvant ainfi de moins dans la Nation, on y fait dès lors moins de demandes de denrées, & les revenus des terres baiffent à proportion; les charges des Fermiers ne font pourtant qu'augmenter : car moins il fe préfente de mains pour travailler plus il faut les payer ; les Fermiers font donc obligés de mettre la clef fous la porte, ce qui a toutes les autres mauvaifes fuites dont

on vient de parler tout à l'heure.
D'ailleurs ce font les hommes
qui font le Commerce, & qui
apportent l'argent dans chaque
canton ; ainfi moins il y a d'hommes dans un canton, & moins il
y a d'argent apporté dans ce même canton. Or moins il y a d'argent dans un canton, moins on
y offre des Fermes.

Quatriémement, *En ce qu'il
diminue nos richeffes.*

C'eft une conféquence des
trois remarques précédentes ;
car la chereté des Marchandifes
diminuant le nombre de celles
que nous pourrions exporter,
& nos Fabriques déclinant par-
là de jour en jour, il faut qu'à
la longue nous perdions entiere-
ment ces mêmes Fabriques, &
qu'en attendant l'importation
des Marchandifes étrangeres
dans nos pays aille toujours
croiffant,

croiffant, & qu'il en forte chaque jour de plus en plus d'argent pour payer ce qui nous en a été importé.

J'ai avancé précédemment, comme une vérité indubitable, que *les Nations qui n'ont de mines, ni d'or, ni d'argent, n'ont d'autre moyen de fe procurer de l'un ou de l'autre de ces deux métaux, que le commerce Etranger ; & que les prix des denrées & Marchandifes ; la quantité de la population, & en même-tems la valeur des terres, hauffent ou baiffent parmi elles felon le dégré qu'elles s'en font procurées.*

Le livre intitulé *Britannia languens* nous dit, page 13, que *s'il n'y avoit que* 500 *livres fterlings dans toute l'Angleterre, un bœuf ni coûteroit pas un denier fterling.* Nos revenus doivent donc être en proportion avec

Tome I. N

nos richesses, & c'est ce qu'on voit en effet par l'histoire de Londres de Maitland, qui nous dit que *dans l'année* 961 , *la terre se vendoit un schelling l'acre* , ce qui venoit du bas prix auquel se donnoient les productions de la terre , car il ajoute que *l'année* 1000, *un bœuf se vendoit* 2 *sols* 6 *deniers sterlings* , *une vache* 2 *sols* , *un mouton* 1 *sol* , *& un cochon* 8 *deniers* : ce qui ne pouvoit provenir que du peu de Commerce Etranger que la Nation faisoit alors , & par conséquent du peu d'or & d'argent que le Commerce y avoit encore attiré.

Que si l'on me demande pourquoi les choses sont maintenant si rencheries, à proportion des prix auxquels elles étoient alors, je répondrai que les quantités d'or & d'argent qui ont été apportées en Europe, depuis les conquêtes & l'établissement des Espagnols & des Portugais dans l'Amérique, y ont rendu ces métaux beaucoup plus communs & de beaucoup moindre valeur qu'ils n'étoient autrefois, de façon qu'on ne se procure ajourd'hui que pour 20 schellings, ce qu'on auroit au plus payé 1 schelling avant la découverte des Indes Occidentales. *

---

* Il n'est point douteux que l'abondance d'or & d'argent, qu'il y a eu en Europe depuis les découvertes des Indes Orientales & Occidentales, n'y ait dû changer peu à peu la proportion du poids de ces métaux avec les autres productions de la terre, les journées des hommes & les ouvrages de l'art ; mais à quel dégré peut s'être étendu un tel changement depuis cet époque jusqu'à nous ? C'est-là ce dont il importeroit surtout de donner une idée juste, & dont l'Auteur n'en donne neanmoins ici nullement une telle ; en y remarquant uniquement, comme il se contente de faire, qu'on ne se procure guere aujour-

Les Espagnols & les Portugais ne nous jettent point leur

---

d'hui pour 20 schellings que ce qu'on auroit
payé au plus un schelling avant la découverte
des Indes Occidentales.

En effet 1°. Le schelling est une valeur nu-
méraire qui a représenté en différens tems
des fractions très-différentes du marc d'or ou
d'argent, & par conséquent pour que les 20
schellings & le schelling, qui ont été équiva-
lente en différens tems aux mêmes denrées
ou Marchandises, pussent porter à l'esprit une
idée nette de la proportion des valeurs du
schelling en ces différens tems, il faudroit
que l'Auteur eût commencé par établir ce que
le schelling contenoit d'or ou d'argent dans
les deux tems dont il parle. 2°. Si l'on se donne
la peine de faire les calculs nécessaires pour se
décider là-dessus, on en déduira entre les
deux valeurs successives du schelling une proportion bien différente de celle de 20 à 1.

Et d'abord malgré quelque obscurité que
nous remarquons dans le peu de ce que les
Auteurs Latins nous ont transmis, qui puisse
nous servir à inférer quelle proportion doit
avoir regné de leur tems entre le poids de
l'or & de l'argent & les denrées ; il paroît
néanmoins en général par différens passages
que Budée à rassemblés de Ciceron, de Pli-
ne, de Suétone & surtout de Columelle, que

or & leur argent à la tête, de
maniere que pour nous en bien

___

cette proportion n'étoit guere inférieure à celle fur le pied de laquelle fe faifoit le Commerce du tems de Budée, c'eft-à-dire, avant
le milieu du feiziéme fiécle.

Et en calculant d'après les valeurs des
Marcs d'or & d'argent fous le regne de Louis
XII. & différens prix de denrées, & en
particulier des repas d'auberge, que les hif-
toires de nos Provinces & nos Coutumes nous
apprennent s'être affez conftamment foutenus
en France fous ce regne : à quoi peut s'être
montée la proportion en queftion fous ce
même regne, je trouve qu'il n'y avoit guere
que moitié en fus de différence de celle d'alors
à celle d'aujourd'hui ; c'eft-à-dire qu'on n'a-
voit en général alors pour un certain poids
d'or ou d'argent, qu'un affortiment de denrées plus fort de moitié en fus que celui qu'on
acheteroit aujourd'hui pour le même poids
d'or ou d'argent, ou que du moins on auroit
certainement pû s'y procurer pour un certain
poids d'or ou d'argent, un affortiment de denrées double de celui qu'on fe procuréroit aujourd'hui pour le même poids de ces métaux.

L'uniformité de cette proportion, depuis
le tems de l'empire Romain jufqu'à la découverte des Indes occidentales, n'a au refte en

fournir nous n'avons autre chose à faire qu'à en ramasser. Nous

---

soi rien de surprenant ; puisque la valeur de
l'or & de l'argent relativement aux denrées &
aux Marchandises, dépendant uniquement
de l'espece d'usage, & de l'usage plus ou
moins grand qu'on fait de ces métaux dans
le Commerce ; il faut que cette valeur se soutienne la même dans une étendue marquée de
pays, tant que l'abondance des mêmes métaux reste à peu près la même dans ces pays ;
que les peuples de ces mêmes pays qui useront
ront de ces métaux continueront à être à peu
près également nombreux ; qu'ils ne prendront pas plus ou moins de goût pour la pro-
fusion de ces mêmes métaux à des usages
différens de la fabrication des monnoies ; que
les Arts & le Commerce fleuriront à peu près
également parmi eux, & que l'usage du papier ou d'autres signes semblables représen-
tant l'argent, ne s'introduira pas ou ne varie-
ra pas chez eux, ou qu'au moins l'une de ces
choses ayant augmenté dans le pays, un autre
y aura par compensation diminué à peu près
proportionnellement : alternative qui paroît
assez pouvoir avoir eu lieu dans l'intervalle
de tems que nous considerons ici.

Et comme la proportion dont je parle, ne
doit réciproquement varier plus ou moins au
désavantage de l'or & de l'argent, lorsqu'il

n'avons point d'ailleurs de ces
métaux. Il faut donc que nous

—————————————

furvient tout-à-coup ou peu à peu dans un
pays, une grande furabondance de ces métaux, comme il eſt arrivé en Europe par les
découvertes des Indes, ou même lorſqu'on
vient à les multiplier à un haut point par des
ſignes repréſentatifs, comme on a fait avec
ſuccès en Angleterre & en Hollande; qu'autant que le nombre des peuples qui en frap-
peront des monnoies, n'augmentera pas en
même tems beaucoup; que ces peuples ne ſe
mettront pas en même-tems dans le goût de
prodiguer ces métaux précieux à des uſages
différens de la Fabrication des eſpèces, ou
qu'enfin les Arts ou le Commerce ne naîtront
point, ou ne ſe ranimeront point ſubitement
ou promptement parmi ces mêmes peuples,
on doit conclure de-là que ſi la prodigieuſe
augmentation de la maſſe de l'or & de l'argent en Europe, depuis les découvertes des
Indes, c'eſt-à-dire depuis environ 200 ans,
ainſi que les papiers par leſquels on a en certains pays multiplié ces métaux à un très haut
point, n'ont fait tomber la proportion de ces
mêmes métaux avec les denrées & les produits des Arts, qu'à peu près dans le rapport
de 3 à 2; cela vient de ce qu'à compter de l'é-
poque des découvertes des Indes, & plus parti-
culierement de celle des Indes Occidentales,

en tirions ce que nous en avons,
de notre Commerce avec l'Espagne & le Portugal, ou avec
les Nations qui ont la supério-
rité sur l'Espagne & le Portugal
dans la balance du Commerce,
& sur qui nous l'avons en même-
tems de notre côté.

Le prix actuel & naturel des
terres & de leurs productions,

---

l'usage des métaux d'or & d'argent, pour me-
surer la valeur des choses, s'est introduit ou a
augmenté peu à peu dans un grand nombre
de pays, non-seulement de l'Europe, mais
encore des autres parties du monde, & entre
ces dernieres principalement de l'Asie; de ce
que les Arts & le Commerce ayant de plus en
plus fleuri dans le monde, on a eu besoin
pour leur donner & y soutenir ensuite l'activité à laquelle ils ont été portés, d'y multiplier beaucoup les signes représentatifs les plus
naturels de toutes les valeurs, je veux dire les
monnoies; enfin de ce qu'à mesure qu'on a
été plus riche en or & en argent, on a aussi
prodigué davantage ces métaux dans les parures & les ornemens, & on en a ainsi con-
sommé continuellement de grandes quantités.

eft donc chez nous en proportion des quantités d'or ou d'argent que le Commerce Etranger à apporté dans nos pays & y à laiffé. Si le Commerce Etranger venoit à porter ces quantités au double de ce que nous en avons aujourd'hui, le prix naturel des terres & de leurs productions doubleroit aufli : car ce que le Fermier peut donner de la Ferme d'une terre, ne fe régle uniquement que fur le prix auquel il peut vendre fes denrées au marché. Que notre Commerce Etranger tombe en décadence, jufqu'au point que la moitié des efpeces qu'il y a actuellement dans la Nation viennent à en difparoître, les productions des terres fe donneront dès lors dans les marchés à moitié de leur prix actuel ; & on donnera les terres même à Ferme à moi-

tié prix de ce qu'elles rapportent aujourd'hui. Enfin si nous
allions toujours déclinant jusqu'à n'avoir plus un jour que la
même quantité d'especes que
nous avions dans les années 961
ou 1000, les prix des terres &
de leurs productions retombe-
roient dès lors (taxes & autres
choses semblables déduites) aux
taux où elles étoient dans ces
années. *

---

* Après ce que nous venons de dire dans la
note précédente, il est aisé de s'appercevoir :
1°. Que l'Auteur ne s'exprime pas ici tout à
fait exactement, lorsqu'il y dit en général que
*le prix actuel & naturel des terres & de leurs
productions est en Angleterre en proportion des
quantités d'or ou d'argent que le Commerce
Etranger a apporté dans le pays & y a laissé &c.*
2°. Que toutes les proportions qu'il rapporte
en cet endroit ne doivent tout au plus avoir
lieu, qu'en supposant que la population, le
nombre des Fabriquans & des Négocians,
l'activité des Arts & du Commerce, & la pro-
fusion & la perte des matieres d'or & d'argent

. Les Propriétaires des terres n'ont donc qu'à voir s'ils veulent groſſir ou faire tomber la valeur de leurs terres, & la fa-

---

reſteront les mêmes d'ailleurs dans les pays dont on parlera. 3°. Qu'il eſt au contraire certain que les choſes dont j'ai parlé, ayant déja varié plus ou moins les unes que les autres parmi les Nations, conformément à l'eſpèce de mobilité continuelle dans laquelle elles y ſont en effet, toutes les proportions en queſtion ne ſçauroient plus ſubſiſter, & l'on ne pourroit guere plus réformer qu'une idée vague de celles qu'il faudroit y ſubſtituer. 4°. Et que même dans la ſuppoſition que toutes ces différentes choſes ſe fuſſent pendant long-tems entretenues dans le même état, on auroit de la peine à prouver que la maſſe des matieres d'or ou d'argent venant à doubler ou à tripler dans une Nation, les prix des terres & de leurs productions, ainſi que ceux des productions des Arts, duſſent *préciſément* y doubler ou y tripler, puiſque l'effet pourroit au lieu de cela en être, en partie que le Commerce s'y ranimât, en partie que la Nation attirât plus d'Etrangers chez elle, & en partie auſſi qu'on y prît parmi elle plus de goût pour la profuſion des métaux précieux dans les parures & les ornemens, &c.

veur ou la défaveur qu'ils donneront au Commerce Etranger,
feront des moyens affurés, &
d'ailleurs les feuls moyens de
parvenir à l'un ou à l'autre de
ces deux objets : tant il eft vrai
que les terres & le Commerce
font deux chofes intimement
unies l'une à l'autre, dont les
vrais intérêts font les mêmes,
& qu'il faut qu'ils fleuriffent ou
qu'ils tombent enfemble.

Le résultat de tout ce qui précéde, c'est :

Que ce que les Etrangers prennent des autres, au lieu de le prendre de nous.

Ce que nous donnons aux pauvres, au lieu de le leur faire acheter.

La rareté des hommes dans le peuple.

Et la rareté de l'argent dans la nation.

} Tout cela fait baisser la valeur de nos terres.

Que nos impôts, nos monopoles, nos mauvais réglemens de Commerce, & nos grosses dettes Nationales, sont les causes du déclin de notre Commerce Etranger, & que le déclin de notre Commerce Etranger produit de son côté les quatre calamités dont je viens de parler.

Que nos impôts, nos monopoles, nos mauvais réglemens de Commerce & nos grosses dettes Nationales, sont donc aussi les vraies causes du déclin de la valeur de nos terres.

TROISIEME PARTIE.

www.ingramcontent.com/pod-product-compliance
Lightning Source LLC
Chambersburg PA
CBHW070234200326
41518CB00010B/1559